UNFALLVERHÜTUNG UND RECHTSPFLEGE

VON

GEHEIMRAT DR. A. RIEDLER

ZWEITE AUFLAGF

1 9 2 4

VERLAG R. OLDENBOURG / MÜNCHEN UND BERLIN

Inhaltsverzeichnis.

Unfallverhütung und Rechtspflege.*)

Von Geheimrat Dr. A. Riedler.

Zielbegrenzung.

Ziel dieser Schrift ist nur, einige Zusammenhänge zwischen Unfallverhütung und Rechtsfragen, trotz der notwendigen technischen Einzelheiten, allgemein verständlich zu kennzeichnen, und zwar nach zwei Richtungen, durch Fälle, wo die Technik, trotz hoher Leistungen nur eine bedingte Sicherheit gegen Unfälle erreichen kann, und durch andere Fälle, wo der Technik die vollständige Sicherung von Betrieben unbedingt gelingt und wo diese volle Sicherheit auch im großen schon erprobt ist.

„Vollständige" und „unbedingte" Sicherheit ist dabei in dem Sinne verstanden, daß durch geeignete technische Mittel Unfälle unmöglich werden, wenn bestimmte technische Einrichtungen geschaffen und bestimmte Betriebsvorschriften eingehalten werden, die jedoch die Betriebsleistung nicht beeinträchtigen, sondern nur selbstverständliche Voraussetzung aller Tätigkeit in gefährlichen Betrieben bilden.

Hierzu müssen kennzeichnende Beispiele ausgewählt werden, die ohne besondere Facherfahrung allgemein verständlich bleiben.

Die Verkehrstechnik böte solches Verständnis, weil die meisten Gefahren jedermann aus eigener Anschauung oder Vorstellung deutlich erkennbar sind. Das Gegenstück fehlt jedoch, denn die Verkehrstechnik kann keine unbedingte Sicherung gegen Unfälle schaffen.

---

*) Diese Auflage ist ein unveränderter Neudruck, jedoch sind S. 12 u. 38 Druckfehler der Erstauflage berichtigt.

Fabrikbetriebe böten hingegen Beispiele sowohl vollständiger und nur bedingter Sicherheit gegen Unfälle. Sie sind jedoch so mannigfaltig, daß sie ohne besondere Fachkenntnis nicht allgemein verständlich werden.

Kraftwerke und ihre Betriebe böten gleichfalls beide Beispiele, sowohl der vollen wie der teilweisen Sicherheit, sie können jedoch ebenfalls ohne fachliche Einzelheiten und ohne Zeichnungen nicht allgemein verständlich dargestellt werden.

Als kennzeichnendes Beispiel ist daher hier die Technik des Lagerns und Verteilens von Benzin usw gewählt.

Dieses Beispiel kann volle oder trügerische oder gar keine Sicherheit bieten, je nach den angewendeten technischen Mitteln, mit denen das Betriebsverfahren durchgeführt wird.

Dieses Betriebsbeispiel ist zugleich das vielseitigste und kann trotz der wissenschaftlichen Grundlagen und trotz der vielgestalteten Erfahrungen doch allgemein verständlich werden, wenn das Wesen der Kohlenwasserstoffgemenge und ihres Verdampfens erfaßt wird.

Dieses Beispiel ist weiters deshalb besonders geeignet, weil es für einen sehr weiten Bereich Wert und Wichtigkeit bietet:

Für alle Betriebe, die mit Gewinnung, Veredlung, mit Handel und Lagerung von Benzin zusammenhängen, für alle Betriebe der Kraftfahrt und Luftfahrt, für die Transporttechnik auf Eisenbahn- und Wasserwegen, für Hafenlager, für städtische Lager, Feuerwehr, für Versicherungsunternehmen, sowie für alle Behörden, die mit Unfallverhütung und den Folgen von Unfällen zusammenhängen: Richter, Anwälte, Polizei, Verwaltungs- und Aufsichtsbehörden aller Art.

Des weiteren für zahlreiche Industrien, die Kohlenwasserstoffe verwenden, wie Gummifabriken, chemische Wäschereien, Lackfabriken u. a. chemische Fabriken usw.

Nur der Kürze halber ist stets von „Benzin“ die Rede, alles zu Sagende gilt jedoch sinngemäß für alle gefährlichen flüssigen Brennstoffe, insbesondere für Benzol, Spiritus, Äther, für alle Teer-Arten und deren Abkömmlinge sowie für Schwefelkohlenstoff usw. Der Betriebsbereich, für den Sicherheit geschaffen werden muß, ist daher ein sehr weiter.

Das gewählte Beispiel ist außerdem besonders geeignet, weil es die Gefahren und die Vorteile unfallgesicherter Betriebe sowohl für Kleinbetriebe wie für Großbetriebe augenscheinlich zeigt, da die Gefahrenquellen in beiden Fällen die gleichen sind und nur Gradunterschiede, keine Wesensunterschiede vorliegen.

I. Statistik.

Dieses Beispiel der Technik der Lagerung und des Transportes flüssiger Brennstoffe ist um so geeigneter, als es besonders gut zu den Ergebnissen der amtlichen Statistik paßt.

Die Statistik der Unfälle zeigt überraschend, daß die Betriebe, welche die meisten Unfälle aufweisen, gar nicht zu denjenigen gehören, die nach allgemeiner Meinung als besonders gefahrvoll vermutet werden. Die Unfälle entfallen zumeist auf Betriebe, die äußerlich harmlos aussehen. Die Statistik zeigt nämlich, daß Maschinen und Maschinenbetriebe trotz ihrer Massenhaftigkeit und Vielgestaltigkeit sehr wenige Unfälle verursachen, dank der vorbeugenden Technik, die wirksame Sicherheitsvorrichtungen schafft und Unfälle weitgehend verhütet, bis auf Fälle eigenwilliger Nachlässigkeit, für deren Folgen der Einzelne verantwortlich bleibt. Hingegen ergeben sich die meisten Unfälle in Betrieben, außerhalb der Maschinenbetriebe und Fabriken, in Wohnungen, Kleinwerkstätten usw. und zumeist durch Umfallen oder Herabfallen von Gegenständen. Als sehr unfallreich erweisen sich Treppen, Gänge, Keller und Dachboden gewöhnlicher Häuser sowie das Straßenpflaster ganz außerhalb des Verkehrs, nur als Folge der millionenfachen täglichen und sorglosen Benutzung der gewohnten Einrichtungen, aus zufällig zusammenwirkenden Ursachen.

Die Statistik bietet jedoch eine überreiche Reihe schwerer und schwerster Unfälle als Folge von Explosionen bei Lagerung und Transport flüssiger Brennstoffe in zahlreichen Betrieben. Die meisten Unfälle haben Menschenopfer gekostet, viele darunter haben Dutzenden von Menschen Verderben gebracht.

Dieses Beispiel ist daher nach allen Gesichtspunkten das geeignetste und erfordert zum Verständnis nur, in das Wesen der flüssigen Brennstoffe einzudringen. Außerdem können zu diesem Beispiel die überaus reichen Erfahrungen aus dem Bereich der gewollten Explosionen bei Motorbetrieben herangezogen werden, sowie die unvermeidbaren Unfälle durch Schlagwetter und sonstige Explosionen.

II. Flüssige Brennstoffe.

1. Erdöle. Die flüssigen Brennstoffe aus Erdölen, die Destillate des Rohöles sind stets vielfache Gemenge von Kohlenwasserstoffen. Die Mannigfaltigkeit dieser Gemenge hat ihre Grundursache in der Vierwertigkeit des Kohlenstoffes und in seiner Fähigkeit, sich nach seiner Verbindung mit drei Wasserstoffatomen mit sich selbst zu verbinden.

Die Reihe der Kohlenwasserstoffgemenge umfaßt das Methan und die Homologe des Methans: Äthan, Propan, Butan, Pentan, Hexan, Septan, Oktan, Nonan, Dekan, Undekan, Dodekan usw., entsprechend der allgemeinen Zusammensetzung $C_n H_{2n+2}$.

Diese lange Reihe von Kohlenwasserstoffen ist als Gemenge schon enthalten im Rohöl, aus dem, durch „fraktionierte Destillation", durch stufenweises Verdampfen und Abkühlen, einzelne Teile, jedoch nur teilweise geschieden werden können, je nach den verschiedenen Siedepunkten (Verdampfungstemperatur der Gemengeteile). Diese Scheidung bleibt immer unvollkommen. Die leichtest verdampfenden Teile sind in allen Teilverdampfungen mit enthalten.

Es können nur ungefähr voneinander geschieden werden: Petroläther, Ligroin, Leichtbenzin und Schwerbenzin. Jeder Teil bleibt jedoch wieder ein Gemenge von vielen Kohlenwasserstoffen. Die besondere Gefährlichkeit der Erdöle liegt darin, daß beim Lagern und bei jeder Fortbewegung dieser vielfachen Gemenge immer die leichtverdampfenden Bestandteile des jeweiligen Ölgemenges, je nach Druck und Temperatur, zuerst verdampfen und bei Zutritt von Luft in die Behälter oder Leitungen sich explosionsfähige Luftöldampfgemische bilden können.

Rohöle sind je nach den Fundorten sehr verschieden gemengt. Sie werden wesentlich nach den ziemlich unbestimmten Siedepunkten (Verdampfungstemperaturen) beurteilt.

Die Kohlenwasserstoffe der Erdöle umfassen:

2. Kohlenwasserstoffe.

a) Gasförmige Kohlenwasserstoffe, deren Verdampfungstemperaturen tief unter Null liegen, die nur unter Hochdruck verflüssigt werden können, die also bei gewöhnlichem Druck sofort verdampfen.

Diese gasförmigen Kohlenwasserstoffe sind: Methan CH_4 (Verdampfungstemperatur 160° unter Null), Äthan C_2H_6 (minus 80°), Propan C_3H_8 (minus 35°), Butan C_4H_{10} (+1°);

b) flüssige Kohlenwasserstoffe mit Verdampfungstemperaturen über Null:

Pentan C_5H_{12} (+30°), Hexan C_6H_{14} (+60°), Septan C_7H_{16} (+90°), Oktan C_8H_{18} (+116°), Nonan C_9H_{20} (+136°), Dekan $C_{10}H_{22}$ (+150°) usf. bis $C_{16}H_{34}$.

Leichtbenzine sind wesentlich Gemenge aus Hexan bis Dekan.

Petroleum ist ein Gemenge von $C_{10}H_{22}$ bis $C_{16}H_{34}$.

Reine, gleichbleibende Erdöle gibt es nicht. Alle enthalten Anteile der Kohlenwasserstoffgase sowie der leichtest verdampfenden flüssigen Kohlenwasserstoffe.

Der Heizwert, der Wärmegehalt der Ölgemenge zeigt nur geringe Verschiedenheiten, zwischen 10200 und 10500 Wärmeeinheiten für 1 kg Brennstoff. Der Gehalt an Kohlenstoff und Wasserstoff, in Prozenten ausgedrückt, ist gleichfalls wenig verschieden. Zwischen 83% bis 84% C, 15% bis 16% H. Gleicher Gehalt an C und H und gleicher Heizwert bedeuten jedoch nicht gleiches Verhalten bei Verbrennung und beim Bilden von Explosionsgemischen.

3. Kohlendestillate.

Die Destillationsstoffe aus Steinkohle, Braunkohle, Kohlenschiefer, Holz, sowie aus Fetten. sind ebenfalls Gemenge aus Kohlenwasserstoffen; Benzol aus Steinkohle ist gemengt mit Xylol und Toluol, die Verdampfungstemperaturen der Gemenge liegen zwischen 40 und 170°.

Paraffinöle enthalten $C_{22}H_{46}$ bis $C_{28}H_{58}$.

90proz. Benzol, 50proz. Benzol, Lösungsbenzol, Leicht- und Schwerbenzol sind nur Handelsbezeichnungen der verschiedenen Kohlenwasserstoffgemenge.

4. Ersatzbrennstoffe. Während des Krieges wurden Ersatzbrennstoffe hergestellt, wesentlich Gemenge aus Benzol und Spiritus (Alkohol mit Wasser). Noch jetzt werden ähnliche Ersatzbrennstoffe hergestellt, u. a. der „Reichskraftstoff", Dynalkol genannt. Zeitweise wurde auch sog „hydriertes Benzol" hergestellt, dem Wasserstoff nur mechanisch beigemengt war. Solches hydriertes Benzol war gut haltbar. Der nur beigemengte, nicht chemisch gebundene Wasserstoff hat sich nach tagelangem Lagern bei gewöhnlicher Temperatur nicht abgeschieden, Dichte, Heizwert und Zusammensetzung ergaben gleiche Werte wie bei Leichtbenzin. Die Verbrennung und die Explosionsmischungen ergaben sich jedoch ganz verschieden von Leichtbenzin.

Chemische Ähnlichkeiten verbürgen nicht gleiche physikalische Eigenschaften. Selbst bei gleicher chemischer Zusammensetzung ergeben z. B. Stoffe, die nicht kristallisieren, nicht die physikalischen Eigenschaften der gleichzusammengesetzten amorphen Stoffe. Ein Beispiel bietet der Rohgummi, der völlig verschiedene Eigenschaften zeigt, je nachdem er aus dem Urwald stammt oder aus Pflanzungen oder synthetisch hergestellt ist.

5. Brennstoffveredlung. Die Verfahren, Schweröle mit Wasserstoff chemisch zu verbinden und in Leichtöle umzuwandeln, erfordern Hochdruck und Hochwärme. Dieses chemische Umwandeln, Veredeln der Schweröle, u. a. das Umwandeln der Teerrückstände in Leichtöle, einschließlich der Verflüssigung fester Brennstoffe, bildet ein neues zukunftsreiches Feld der chemischen Hochdrucktechnik, die im großen erst begonnen hat.

III. Explosionen.

1. Grundbegriffe. Der Begriff „Explosion" und was damit zusammenhängt, ist leider kein scharfer, kein feststehender, wesentlich deshalb, weil es in der Brennstoffchemie an zuverlässigen wissenschaftlichen Versuchen und einwandfreien Messungen fehlt, weil Großversuche und Dauerversuche der sonstigen Brennstofftechnik im chemischen Bereich ganz fehlen. Daher stimmen

die Erfahrungen aus Dauerbetrieben nicht überein mit den Messungen und Schlußfolgerungen, die mit mangelhaften chemischen Laboratoriumsversuchen zusammenhängen.

Im vorliegenden Falle der Lagerung gefährlicher Brennstoffe fehlt zudem eine grundsätzliche Unterscheidung:

Ein Lagerbehälter mit Benzin kann explodieren, wenn er ähnlich wie ein Dampfkessel von außen erhitzt wird, bis durch Verdampfen der Kohlenwasserstoffe die Spannung der Dämpfe im Behälter so hoch steigt, daß seine Festigkeit nicht mehr ausreicht und der Behälter zerrissen wird. Hiervon ursächlich verschieden sind Explosionen, die dadurch entstehen, daß sich im Innern der Benzinbehälter durch Zutritt von Luft in die stets vorhandenen Benzindämpfe ein explosionsfähiges Luftgasgemisch bildet und infolge einer Zündung die Explosion des Gemisches eintritt und den Behälter zerreißt. Die Gefahren und Wirkungen sind in beiden Fällen ähnlich, die Ursachen sind völlig verschieden.

Sogar die wissenschaftlichen Begriffe sind nicht scharf geschieden. Die Grenzen sind unbestimmt zwischen Deflagration (Abbrennen), Explosion und Detonation. Angebliche Grundlagen zur Feststellung von Grenzen bieten die Brenngeschwindigkeiten, das sind die Geschwindigkeiten, mit denen sich die Verbrennung in einem explosionsfähigen Luftgasgemisch fortpflanzt.

Es fehlt jedoch an zuverlässigen Versuchen und insbesondere an richtigen Messungen. Die Verbrennung explosionsfähiger Gemische und ihre Wirkungen hängen von zu vielen Einzelheiten ab, die sich der Messung entziehen: Von Druck und Wärme der Mischung, von der Art des Verbrennungsraumes und Art der Zündung usw. Gleiche Gemische können sehr verschiedene Wirkungen ergeben.

Für Sprengstoffe werden in der Brennstoffchemie Brenngeschwindigkeiten bis zu 9000 m in der Sekunde angegeben, ohne daß auch nur angedeutet wird, wie und mit welchen Mitteln diese hohen Geschwindigkeiten gemessen wurden.

Die Begriffe, die aus der Anwendungstechnik der Explosionen stammen, zumeist aus der Sprengstofftechnik, sind ebenso unsicher und nichtssagend, wie z. B. Brisanz (von „briser", brechen). Ebenso unbestimmt sind die Begriffswörter für die Art der Zündung, die doch auf die Einleitung, den Verlauf und die Wirkung der Explosionen entscheidenden Einfluß ausüben: Thermische Zündung, dynamische Zündung, Stoßzündung, Schlagzündung usw. sagen nichts Bestimmtes, jeder kann sie verschieden deuten.

Die Grenzen der Explosionsfähigkeit von Luftgasgemischen sind ebenfalls ganz unsicher. Sie sind aus unzulänglichen Versuchen und ganz unzuverlässigen Messungen nur errechnet, und die Angaben widersprechen grob der Wirklichkeit der Explosionstatsachen. Das Unbestimmte wird auch bestätigt durch die praktische Anwendung der Sprengexplosionen: Nytroglyzerin, Dynamit usw. können ebensowohl gefahrlos verbrannt oder zerstörend verwendet werden. Die Begriffe sind ebenso unsicher wie die Versuche und Meßverfahren.

Nur Erfahrungen aus Dauerbetrieben im Bereich gewollter Explosionen (Motorbetriebe) können einige Klarheit schaffen, sowie die Erfahrungen aus dem Bereich der nichtgewollten Explosionen, wie Schlagwetter, Kohlenstaubexplosionen.

Die Laboratoriumsversuche sind nie wirklichkeitsrichtig, sind nie Dauerversuche, sie sind nur Teilversuche, denen selbst der Wert von Ähnlichkeitsversuchen nicht immer zukommt. Sie enthalten immer unzulässige Verallgemeinerungen. Daher stimmen die Werte der Brennstoffchemie mit den praktischen Erfahrungen der Explosionstechnik nicht überein. In der „Literatur" werden die unsicheren Versuchswerte ohne jede Nachprüfung weitergewälzt. Großversuche, wirklichkeitsrichtige Dauerversuche fehlen ganz.

2. Erfahrungen. Sichere Erfahrungen bieten die vielgestalteten, millionenfachen Motorbetriebe mit ihren gewollten und sicher beherrschbaren Explosionen, deren Ergebnisse durch die Betriebswirklichkeit dauernd und unfehlbar nachgeprüft werden, weil sich jeder Fehler der gewollten Explosionen im Maschinenlauf zeigt und in den Messungen der Leistungen und in der Art der Abgase. Motorische Verbrennungen sind gewollte Explosionen in geschlossenen Motorzylindern unter Druck in gegebener kleiner Zeit. Der Verlauf der Explosionen zeigt sich abhängig: Vom explodierenden Luftgasgemisch, von Druck und Wärme des Gemisches, von der

Wärmesammlung im Gemisch, von den Verbrennungsrückständen (Restgasen) und auch abhängig von Form und Oberfläche des Verbrennungsraumes und vielen weiteren Bedingungen, u. a. auch vom Schmieröl, das im Motorzylinder als Brennstoff wirkt. Alle diese für Explosionen entscheidenden Einflüsse fehlen bei Laboratoriumsversuchen der Brennstoffchemie, daher die groben Widersprüche mit der Wirklichkeit der Betriebe. Wie sehr die Wirklichkeit den unsicheren Versuchen widerspricht, zeigen zahlreiche Tatsachen. Die Ursache der Widersprüche liegt immer in den Mängeln der Versuche, im unzulässigen Verallgemeinern der Versuchsergebnisse, die mit mangelhaften Mitteln gemessen, vielmehr gemutmaßt wurden. Nie liegt der Widerspruch in den Dauererfahrungen der Betriebe, denn die Wirkungen der gewollten Explosionen können stets sicher beobachtet und gemessen werden, und sie sind zudem durch die verschiedenartigsten Dauerbetriebe völlig übereinstimmend bestätigt.

Ein auffälliges Beispiel der Widersprüche zwischen unsicheren Laboratoriums-Kleinversuchen und der vielgestalteten Betriebswirklichkeit bieten die Verbrennungsgeschwindigkeiten.

Die Laboratoriumsversuche mit unzureichenden Mitteln ergeben niedrige Werte der vermeintlichen Brenngeschwindigkeit, je nachdem sie gemessen wurden in engen Röhren (19 mm Lichtweite) oder in etwas weiteren Röhren (62 mm Lichtweite), oder gemessen wurden in Bomben, jedoch auch nur bis 30 l Inhalt.

Mit solchen unvollkommenen Mitteln wurden stets nur geringe Brenngeschwindigkeiten von 2 bis 4 m in der Sekunde gemessen. In Bomben, in denen wirkliches Messen besonders schwierig ist, sollen Brenngeschwindigkeiten bis 9 m sekundlich gemessen worden sein. Mit welchen Mitteln und Verfahren gemessen wurde, ist jedoch nicht angegeben.

Raschlaufende Motoren, besonders Flugmotoren, sind jedoch mit Kolbengeschwindigkeiten bis 12 m in der Sekunde dauernd betrieben worden. Solchen raschlaufenden Kolben könnte daher, wenn die Laboratoriumsmessungen richtig wären, das explodierende Luftgasgemisch überhaupt nicht folgen. Die Kolben des Motors würden wegeilen und das brennende Gasgemisch hinterher folgen und erst im Auspuff verbrennen können. Die Motoren laufen jedoch dauernd und ohne jede Störung und mit sehr geringem Verbrauch, der allein schon die vollständige und rechtzeitige Explosion erkennen läßt. Die mangelhaft gemessenen niedrigen Brenngeschwindigkeiten der Brennstoffchemie sind eben falsch.

3. Explosionsgrenzen. Aus den mangelhaften Versuchen mit explosionsfähigen Benzingasgemischen sind Zahlentafeln errechnet worden über angebliche Grenzen der Explosionsfähigkeit, über obere und untere Grenzen, zwischen denen nur die Explosionsfähigkeit vorhanden sein soll. Jenseits der Grenzen sollen die Gemische nicht explosionsfähig sein.

Auch diese angeblichen Grenzen stimmen nicht mit den Erfahrungen der Betriebe. In Wirklichkeit gibt es keine solchen Grenzen. Alle Luftgasgemische, die genügend Sauerstoff enthalten, können explodieren. Das bekunden die Explosionen von Grubengas sowie die zahlreichen Motorbetriebe. Insbesondere die Hochdruckmotoren mit Selbstzündung der Gemische nur durch Verdichtungswärme über die Selbstzündungsgrenze hinaus. Das bekunden insbesondere auch die neueren Versuche mit Gasgemischen, die unter dem Fallhammer hoch und rasch verdichtet wurden, wobei jedes genügend sauerstoffreiche Gemisch explodieren kann. Das bekunden auch die Schwerölmotoren, bei denen im Betrieb den schlechtzersetzbaren Schwerölgemischen ein „Zündtropfen" aus Leichtöl vorgelagert wird und eine Wirkung ähnlich der Stoßzündung bei entsprechender Wärmesammlung erzielt wird.

Die Bildung explosionsfähiger Gemische in Brennstofflagern ist abhängig vom jeweiligen Druck und von der Temperatur im Misch- und Lagerraum. Tägliche Temperaturänderungen dringen 3 bis 4 m tief ins Erdreich, die jährlichen Temperaturschwankungen noch viel tiefer, die Bedingungen für die Gemischbildungen werden dadurch verändert.

Gefahren und Explosionsmöglichkeiten in Lagerbehältern sind abhängig von diesen Temperaturänderungen und stets abhängig von den Leichteststoffen in den gelagerten Kohlenwasserstoffen, die immer zuerst verdampfen. Jeder Brennstoffdampf ist selbst wieder ein Gemenge von Kohlenwasserstoffen und ist ungewollt „nicht fraktioniert." Er enthält immer alle Leichtstoffe, die zum Teil schon unter 0° verdampfen. Maßgebend für Explosionen sind eben immer die leichtesten Bestandteile der unvermeidlichen Kohlenwasserstoffmischungen.

Die Möglichkeiten für Zündung sind ebenfalls wissenschaftlich nicht aufgeklärt. Wirkliche Selbstzündung gibt es nicht, ausgenommen bei der gewollten Selbstzündung der Gemische in Hochdruckmotoren (Dieselmotoren), in denen durch hohe Verdichtungswärme die Explosion erreicht wird. Sonst bedarf es immer einer besonderen Zündquelle (Initialzündung) durch eine Flamme, Glühstelle oder einen Funken. 4. Zündung.

Für die Zündung werden als maßgebend gehalten die Flammpunkte der Brennstoffe, das sind diejenigen Temperaturen, bei denen sich die Kohlenwasserstoffgemenge an einer Wärmequelle entzünden können. Diese Flammpunkte sind jedoch wieder schwierig zu messen, weil die Ölgemenge verschiedenartig verdampfen, je nach ihrem Siedepunkt.

Die für die verschiedenen Brennstoffe ermittelten Flammpunkte gelten nicht für die Luftgasgemische, deren Zündbarkeit abhängt von ihren leichtesten Bestandteilen sowie von der Art der Mischung, vom Wasserstoffgehalt der Gemische sowie von vielen Nebeneinflüssen.

Die sog. „Gefahrenklassen" der Erdöle sind irreführend, weil die Flammpunkte der Öle nicht die Entflammungstemperaturen der Luftgasgemische sind, auf die es ankommt.

Petroleum z. B. liegt in einer entfernteren Gefahrenklasse als Benzin, kann jedoch schon bei Zimmertemperatur explosionsfähige Gemische bilden. Petroleum ist eben trotz „fraktionierter Destillation" doch wieder ein Gemenge verschieden verdampfender Kohlenwasserstoffe.

Quellen für eine Zündung können sehr mannigfaltig auftreten. Sie sind wieder wenig geklärt. Elektrische Ströme und Funken können durch das Strömen von Gasen und Flüssigkeiten entstehen, durch Reibung, durch chemische Einflüsse. Klare Versuche fehlen. Erwiesen durch die Erfahrung ist die Funkenbildung in Benzinwäschereien, durch Reibung auf Seide. Erwiesen ist die Zündung durch Ausströmen von Wasserstoff an Roststellen. Schwerste Unfälle der Zeppelinluftschiffe sind auf diese Ursache zurückzuführen, die seither auch in der Hochdrucktechnik bei Umwandlung der Schwerbrennstoffe in Leichtöle mittels Wasserstoff unter Hochdruck und Hochwärme vorgekommen und nachgewiesen sind. — Die vielen Schlagwetterunfälle, die trotz aller Sicherheitsvorrichtungen doch immer wieder vorkommen, sind ebenfalls auf ursächlich noch nicht aufgeklärte, aber vorhandene Zündquellen zurückzuführen.

IV. Schlagwetter-Explosionen.

1. Methan. Der flüchtigste Teil der Kohlenwasserstoffe des Erdöles ist das Methan CH_4. Methan bildet sich durch Gärung aus Sumpfschlamm (Sumpfgas). Es entströmt aus gasreicher Steinkohle in Kohlenbergbauten, oft in solcher Menge und hörbar (sog. Bläser), daß es gesammelt und als hochwertiges Gas verwendet werden kann (9000 Wärmeeinheiten für 1 cbm). Methan ist auch der Hauptbestandteil des Leuchtgases.

Methanluftgemische sind die Ursache der Explosionen in gasreichen Kohlengruben (Schlagwetter). Luft bildet schon mit 5 bis 6% Methan explosionsfähige Gemische, daher die strengen Vorschriften, welche Schlagwettergefahr zu vermeiden suchen, jedoch bisher nicht beseitigen konnten, so daß trotz ständiger Überwachung und trotz aller Vorsicht Schlagwetter immer wieder ihre Opfer fordern.

Mit der Schlagwettergefahr wurde auch die Theorie der „kritischen Tage" in Verbindung gebracht. Erfahrene Bergleute sagen aber, es gebe 365 kritische Tage im Jahr.

In allen schlagwettergefährlichen Gruben werden schon seit vielen Jahrzehnten besondere Sicherheitslampen (von Davy) verwendet, deren Flamme durch ein feines Drahtsieb von der Außenluft abgeschlossen ist. Diese Sicherheitslampen sind gleichfalls schon seit Jahrzehnten so verbessert, daß sie in der Grube angezündet werden können, ohne sie zu öffnen, und zwar durch ein in die Lampen eingebautes Schlagfeuerzeug mittels Cerschlagstahl, so daß andere Zündquellen (Streichhölzer) in den Gruben nicht benutzt werden. Trotzdem erfolgen Explosionen durch unvorhergesehene Zündungen.

Solche Drahtsiebe versagen selbstverständlich, wenn sie glühend werden, sie versagen, wenn sie nicht sehr enge Maschen besitzen (150 bis 200 auf 1 qcm), sie versagen, wenn sie irgendwie beschädigt werden. Diese feinen Siebe sind sehr empfindlich, weshalb sie durch ein übergestülptes, gelochtes

Metallblech geschützt werden, das aber die Siebe der unmittelbaren Beobachtung und sorgfältigen Nachprüfung entzieht. Die Beschädigung der Siebe kann auch durch chemische Einwirkung erfolgen, die von den Verbrennungsstoffen der Lampenflamme herrühren. Es wird deshalb von den Lampenerzeugern empfohlen, aber kaum befolgt, diese feinen Siebe regelmäßig auszuwechseln, was bei Tausenden von Lampen nicht sachkundig geschehen kann. Diese Schutzsiebe bilden daher nur eine unvollkommene, voraussetzungsvolle Sicherheit.

Luft mit nur 1% Methan, also weit unter der Explosionsgefahr, beeinflußt schon Größe, Form und Farbe der Lampenflamme und bildet Anlaß zu besonderer Vorsicht.

Methan ist auch Hauptbestandteil der Destillationsstoffe, die aus Steinkohle gewonnen werden. Leuchtgas enthält etwa 30% Methan und ist ursprünglich doch als „Schutzgas" für Benzinlagerung verwendet worden!

Methan entströmt auch aus Petroleumschächten, in Baku, Galizien und im Ölgebiet bei Pittsburg.

Im Gebläsebetrieb für Hochöfen und Stahlwerke sind verheerende Explosionen von Öldämpfen vorgekommen, die zurückzuführen waren auf die Zersetzung von Schmieröl in den Druckleitungen der Gebläse, auf die Bildung explosionsfähiger Gemische aus den Öldämpfen. 2. Ölexplosionen.

Diese Explosionen konnten anfangs schwer erklärt werden, da die Gebläse nur Verbrennungsluft unter geringem Überdruck von höchstens 1 bis 2 Atm. förderten. Die Ursache wurde schließlich gefunden im Schmieröl, mit dem die Kolben der rasch laufenden Gebläse geschmiert werden müssen, während bei den alten, langsam laufenden Gebläsen die Schmierung der Kolben durch Graphit ausreichte. Das Schmieröl wird unvermeidlich in den Windleitungen abgelagert und zersetzt sich, sobald Erhitzung hinzutritt. Die Mischung der Zersetzungsgase mit Luft ist ohne weiteres möglich. Die Zündquelle wurde zumeist in Störungen des Gebläseganges gefunden, wenn z. B. die Druckventile versagten und damit die Windförderung der Gebläse aufhörte und immer die gleiche Luft durch das unwirksam gewordene Gebläse zurückgesaugt und wieder verdichtet wurde, wobei die Temperatur immer höher steigen mußte. Sogar glühend gewordene Gebläsezylinder sind vorgekommen.

8. Kohlenstaub-explosionen. Explosionen von Gemischen aus Kohlenstaub mit Luft haben ähnliche Unfälle ergeben wie die Schlagwetter. Kohlenpulver läßt sich mit Luft explosionsfähig mischen, obwohl jeder Kohlenteil unverä dert seine chemischen Eigenschaften behält und sich nur mechanisch durch die feine Zerteilung der Gasform nähert. Kohlenstaubexplosionen haben in trockenen Gruben schwere Unfälle gebracht; durch rechtzeitiges Berieseln des Staubes wird die Gefahr zu verhindern versucht.

Kohlenstaubexplosionen sind auch vorgekommen bei Kohlenstaubfeuerungen für Dampfkessel. Für Verbrennungsmaschinen wurde gewollte Explosion von Kohlenstaub zu verwenden gesucht. Diesel hat seine Hochdruck-Verbrennungsmaschinen zuerst für Kohlenstaub, dann für Gas auszubilden versucht und zuletzt erst für Erdöl. Seine Bestrebungen mit Kohlenstaubbetrieb haben die gewollten Explosionen sicher ergeben. Der Betrieb ist nur gescheitert wegen der Rückstände des Kohlenstaubes in der Maschine.

Kohlenstaub und flüssige Luft als Sprengmittel gehören zur gleichen Reihe der Explosionsanwendungen. Flüssige Luft wurde als Ersatzmittel für Sprengstoffe verwendet, weil die Kriegstechnik alle anderen Sprengmittel beanspruchte. Die Wirkung beruht darauf, daß im engbegrenzten Sprengraum sich gewöhnliche Luft als Sauerstoffträger mit dem Kohlenwasserstoffträger nicht explosionsfähig mischen läßt, wohl aber mit dem kleinen Volumen der flüssigen Luft. Der dauernden Verwendung dieses Sprengmittels stand entgegen, daß die Kohlenstaubhülse, in flüssige Luft getaucht, sich veränderte und in zu kurzer Zeit verwendet werden muß, sonst würde zuviel flüssige Luft verdampft.

Alle diese Beispiele zeigen, daß die Explosionsgrenzen innerhalb welcher die Gemische explodieren oder angeblich ungefährlich sein sollen, höchst unsichere sind. In der vielgestaltigen Wirklichkeit ergibt sich immer die Möglichkeit eines explosionsfähigen Gemisches und immer die Gelegenheit, daß eine Zündquelle hinzutritt.

V. Leerbehälter. Explosionsgefahren.

Alle ganz oder teilweise entleerten Benzinbehälter (Kannen, Fässer, alle Arten Tankwagen) sind besonders explosionsgefährlich, sie sind immer mit Kohlenwasserstoffdämpfen gefüllt, enthalten auch immer Benzinreste, die weiter verdampfen und Explosionsgemische bilden können, sobald Luft zutritt.

Alle entleerten Behälter schaffen daher stets eine starke Explosionsgefahr, wenn nicht jeder Behälter schon während des Entleerens und selbsttätig mit Sicherheitsgas gefüllt wird und gefüllt bleibt, wenn nicht jeder Luftzutritt durch das Auffüllen aller Leerbehälter mit Sicherheitsgas ausgeschlossen wird.

Die Leerbehälter sind in jedem Betriebe lästig, raumsperrend und werden in der Regel irgendwo verstaut, innerhalb der Betriebe oder in Höfen, Kellern usw., bis sich das Abfahren einer größeren Zahl von Fässern lohnt.

Die Polizeivorschrift, daß jedes Leerfaß sofort abgerollt werden soll, ist undurchführbar und nicht nachprüfbar.

Die Polizeivorschriften, die nur eine Mindestmenge von Benzin in den Betrieben dulden wollen, sind ebenfalls unwirksam, undurchführbar und nicht nachprüfbar, ihre sichere Wirkung ist nur die, das der Betrieb zersplittert wird, daß die Zahl der Leerbehälter zunimmt und damit die Gefahren vermehrt werden. Die Vorschrift schafft also durch die große Anzahl von Leerbehältern Gefahren, statt sie zu vermindern oder zu verhindern.

Gegen die großen Gefahren der Leerbehälter hilft nur das grundsätzliche und selbsttätige Auffüllen jedes entleerten Behälters durch Sicherheitsgas, und zwar das selbsttätige Auffüllen während des Entleerens, so daß sich wegen Sauerstoffmangel überhaupt kein Gemisch von Kohlenwasserstoffen und Luft bilden kann.

Alle sogenannten Spar- und Verbilligungsverfahren, gleichgültig welchen Namen sie führen, wie Sättigungsverfahren, Zusatzverfahren u. dgl. sind sicherheitsvernichtend, schon wegen der Leerbehälter. Jedes Verfahren, das überhaupt Luft im Betriebe der Benzinverteilung und Luft in den Leerbehältern zuläßt, ist ein Täuschungsverfahren.

Sicherung der Lager ohne Sicherung der Leerbehälter ist keine Sicherung des Betriebes. Im gefährlichsten Teil des Betriebes, in den Leerbehältern, können sich jederzeit Explosionsgemische bilden.

Die Sorglosigkeit, mit der gerade Leerbehälter behandelt werden, kann keine Vorschrift bannen, sie erwächst aus dem gedankenlosen Verwechseln von „leer" und „gefahrlos".

Die großen Gefahren der Leerbehälter, die durch jede Zersplitterung der Betriebe noch vermehrt werden, können nur durch selbsttätiges Auffüllen jedes entleerten Gefäßes mit Sicherheitsgas abgewendet werden.

Im gleichen Sinn gilt die notwendige Sicherung der Leerbehälter für alle Arten Tankwagen. In diesen nimmt die Explosionsgefahr mit der Größe der Behälter zu.

Die Sicherung aller Leerbehälter ist daher ebenso wichtig, wie das Sichern der Benzinlager und der Benzinverteilung. Lagersicherung ohne Sicherung der Leerbehälter ist keine Sicherung des Betriebes. Die gefährlichsten Teile des Betriebes, die Leerbehälter, können jederzeit Explosionsgemische bilden.

Die entleerten Behälter bleiben unbedingt mit Kohlenwasserstoffdämpfen aus den Benzinresten erfüllt und bei Luftzutritt ist die Explosion nur eine Frage von Zeit und Gelegenheit. Die Sicherung fehlt gerade im gefährlichsten Teil des Betriebes, der auch immer und unvermeidlich am unordentlichsten geführt wird, weil die Leerbehälter allerorts stören. Je größer der Inhalt der entleerten Zubringegefäße ist, desto größer wird die Explosionsgefahr, desto leichter und vollständiger aber auch die vollständige Sicherung durch Sicherheitsgas in jedem Leerbehälter, während die Sicherung von vielen Kleingefäßen unmöglich wird.

In jedem größeren Betrieb ist die Sicherung des ganzen Betriebes einschließlich der Leerbehälter vollkommen und einfach erreichbar. Wenn dies zumeist nicht ausreichend geschieht, dann tragen die Behörden Mitschuld und Verantwortung, wenn sie zwar Vorschriften über Lagern der Vorräte erlassen, aber die sehr gefährlichen Leerbehälter unbeachtet lassen, also Sicherheitsbetrieb nur für einen Teil der Anlage verlangen. Ebenso wichtig wie der Schutz der Benzinlager ist die Vorschrift, daß alle entleerten Behälter mit nichtoxydierendem Sicherheitsgas erfüllt sein müssen, so lange sie sich im Bereich der Betriebe befinden, und zwar muß das Auffüllen mit Sicherheitsgas selbsttätig während des Entleerens der Behälter stattfinden, so daß jeder Lufteintritt in die Behälter ausgeschlossen ist.

Die Behörden verstoßen gegen ihre eigenen Absichten und gegen den Sinn ihrer Vorschriften, wenn sie Anlagen genehmigen, bei denen für Lagerung und Verteilung von Benzin oxydierende Mittel, Luft, verwendet werden, und wenn sie Behälter und Fässer während und nach dem Entleeren ungesichert zulassen, überhaupt wenn sie nicht die Sicherung vorschreiben für Betriebe, für welche eine vollkommene Technik längst schon volle Sicherheit und selbsttätige Wirkung bieten kann.

Die sogenannten Sicherheitsverschlüsse von Behältern, die das Hineinschlagen von Flammen verhindern sollen, täuschen eine Sicherheit vor, die sie nie bieten können. Sie erfüllen nicht die maßgebende Grundforderung, daß kein Explosionsgemisch in den Behältern sich überhaupt bilden kann, indem kein Sauerstoffträger in die Behälter zugelassen wird. Es gibt kein Mittel, Benzindämpfe und Benzinreste in den Leerbehältern zu vermeiden. Kann Luft zutreten, wenn auch auf dem Umwege eines Sicherheitsverschlusses, dann ist die Explosionsgefahr unbedingt vorhanden, da das sorglose Lagern der Leerbehälter in allen Betrieben vorkommt.

Die Verantwortung für Unfälle und Schaden müßte daher auch die Behörden treffen, die Betriebe zulassen, bei denen Luft in die Benzindämpfe gelangen kann, und die entleerte Gefäße ungesichert lassen. Hierbei ist unter Sicherung hier wie immer zu verstehen, Explosionen unmöglich machen, indem Sauerstoffträger ausgeschlossen werden. Es genügt nicht, Explosionen nur unwahrscheinlicher zu machen.

Es wird doch verboten, andere Explosivstoffe in Betriebe ungesichert einzuführen. Einen der gefährlichsten Explosivstoffe, die Kohlenwasserstoffdämpfe, die ständige Gefahr bringen, gerade weil die Behälter als leer angenommen werden, diese finden sich in fast allen Benzinbetrieben. Sie müßten sämtlich selbsttätig während des Entleerens zuverlässig mit nichtoxydierendem Sicherheitsgas gefüllt werden.

Auf die großen Gefahren gerade der Leerbehälter kann nicht scharf genug hingewiesen werden, Werkstätten, Höfe,

Keller, Garagen usw. sind häufig überfüllt mit Leerbehältern. Keine Polizei- oder Betriebsvorschrift kann je die Sorglosigkeit gerade derer bannen, die ständig inmitten der Gefahren arbeiten und dann in kurzer Zeit das Bewußtsein der Gefahren verlieren und unvermeidlich auch jedes Bewußtsein über den Sinn von Sicherheitsvorschriften. Hier hilft nur selbsttätige Sicherung der ganzen Anlage in allen Teilen, der Leerbehälter insbesondere. Der beim Abfüllen leichtsinnig rauchende Kraftfahrer ist leider keine Ausnahme, sondern recht häufig, ebenso der Arbeiter, der die leeren Behälter mit einem Licht ableuchtet, um eine Leckstelle zu entdecken. Leider gibt es sogar Fachleute oder solche, die im Laufe der Zeit durch die Erfahrung hätten Fachleute werden können, die trotzdem annehmen, eine brennende Zigarette od. dgl. könne keine Explosionsgefahr herbeiführen.

Die volle Sicherung bietet den Industrie- und Handelsbetrieben die Sicherung nach dreifacher Hinsicht. 1. Unfälle sicher zu verhüten und damit der Haftpflicht zu entgehen, wobei zu beachten ist, daß Unfälle erfahrungsgemäß gerade in zersplitterten Betrieben und durch die Zubringebehälter am häufigsten entstehen. 2. Wirtschaftliche Verluste zu vermeiden, die Benzinwerte vollständig zu sichern, zugleich Verschütten und Verdunsten zu vermeiden. 3. Den Großbezug von Benzin zu erleichtern, dessen Gesamtkosten wesentlich geringer werden als im Kleinbezug in Fässern. Die Frachtsätze für Tankwagen sind wesentlich geringer als für Fässer. Die Miete für Leihfässer fällt weg sowie die Rückfracht und die Kosten für beschädigte Fässer.

Ta kwagen und deren Sicherung gehören daher zum Gesamtbetrieb der Benzinwirtschaft. Sie müssen ebenso gesichert werden wie alle Teile der Lageranlagen, gegen Unfälle und gegen wirtschaftlichen Schaden.

VI. Schutzmittel.

Urzustand. Ursprünglich, zu Beginn der technischen Verwendung flüssiger Brennstoffe, insbesondere bei Beginn der Kraftfahrbetriebe, wurde Benzin in verschlossenen Blechkannen von 5 bis 10 l Inhalt verkauft. Der Inhalt wurde ohne Nachmessen in die Brennstoffbehälter der Fahrzeuge umgegossen, mit einem Verlust, der auf 5% geschätzt wurde, jedoch im Sommer durch Verdampfen etwa 10% erreicht hat. Die mehr oder weniger geleerten Kannen wurden beim Verkäufer zurückgelassen oder im Fahrzeug irgendwo verstaut. Unfälle galten als unvermeidlich. Jede Kanne bot bei Luftzutritt eine Explosionsmöglichkeit. Die Benutzung der Kraftwagen war jedoch noch keine massenhafte. Die Folgen dieses Urverfahrens waren: Verluste beim Umgießen, Verteuern des Betriebes durch die vielen Kannen, viele Unfälle beim Löten leck gewordener Kannen usw. Die behördliche Annahme war, es genüge die Vorschrift, daß höchstens 20 l in Kellern oder Werkstätten gelagert werden dürfen und daß größere Lager 40 m von Wohnstätten entfernt liegen müssen. Die Gefahren, welche gerade durch die Zersplitterung des Betriebes geschaffen wurden, wurden nicht beachtet.

2. Leuchtgasbetrieb.

Leuchtgas als Schutz- und Transportmittel für Benzin vom Lagerbehälter bis zu den Verteilungsstellen (Zapfstellen) zu verwenden, war das älteste in Gaswerken in Amerika verwendete Verfahren. Sicherheitsvorschriften gab es nicht. Verluste und Kosten wurden nicht beachtet. Die Zulässigkeit dieses Verfahrens ruhte nur auf der Behauptung, Leuchtgas sei wohl brennbar, aber ohne innige Mischung mit Luft nicht explosionsfähig. Das angeblich Ungefährliche des Verfahrens wurde durch Laboratoriumsversuche zu zeigen versucht und auch im großen, indem in einen Gasometer ein Loch geschlagen und das austretende Gas entzündet wurde, wobei der Gasometer zur Überraschung der Unwissenden nicht explodierte. Die Mischung mit Luft fehlte eben, zu der die vielgestaltigen Betriebe reichlich Gelegenheit bieten.

3. Wasserbetrieb.

Das Benzin wurde von den Lagerbehältern nach den Zapfstellen durch Wasser unter Druck verdrängt mit der Wirkung: 1. Im Behälter konnten die Benzindämpfe keine explosionsfähige Mischung bilden, 2. das Innere, Unzugängliche der Behälter wurde dem Verrosten ausgesetzt, 3. die Benzinverluste waren groß, weil beim Auslassen des Wassers unvermeidlich auch Benzin ausströmte. Dadurch waren auch große Gefahren gegeben.

4. Sicherheitsgasbetrieb.

Als Sicherheitsgase können nur nicht oxydierende Gase dienen, die keine explosionsfähigen Gemische bilden können.

Als solches Sicherheitsgas war anfangs nur Kohlensäure im Handel zu haben. Der Kohlensäure ist jedoch ein hohes Lösungsvermögen eigen; schon der Vergleich mit Wasser zeigt den Einfluß.

1 l Wasser vermag zu absorbieren:

bei	0°	25 cm³ Luft	20 cm³ Stickstoff,	1,797 l Kohlensäure
„	10°	20 „ „	16 „ „	1,185 l „
„	20°	17 „ „	14 „ „	0,901 l „

Das Lösungsvermögen wächst mit dem Druck. Die geringste Absorption ergeben Stickstoff und verbrannte Abgase aus Motorbetrieben.

Stickstoff als Sicherheitsgas war erst später genügend im Handel zu haben. Er kann durch gereinigte Abgase der Motorbetriebe ersetzt werden. Diese nicht brennbaren, nicht oxydierenden Gase können jede Explosionsgefahr ausschließen, wenn die Sicherung im ganzen Bereich der Anlage sachgemäß durchgeführt wird.

5. Luftbetrieb. Das vollständige, unbedingte Ausschalten jeder Explosionsgefahr durch wirkliche Sicherheitsgase, die keine Explosionsgemische bilden können, hat selbstverständlich große auffällige Erfolge gebracht, hat daher die Nachahmer angezogen, die unter der Flagge der „Verbilligung" behaupten, die Sicherheit sei auch mit Luftbetrieb durch Luftgas erreichbar, das ist durch angereicherte, angeblich „übersättigte" Luft, die nicht explosionsfähig sei.

Luftgas, das ist Luft mit Benzindämpfen angereichert, ist schon lange für Haus- und Gewerbegebrauch verwendet worden, für Lötlampen, für vielerlei Koch-, Licht- und Heizgeräte.

Jede Petroleumlampe bietet ein Beispiel des Luftgasbetriebs. Der Docht der Lampe ist der Vergaser für die Kohlenwasserstoffe des Erdöls, welcher die Luft mit den leichten Kohlenwasserstoffdämpfen sättigt, nämlich anreichert. Die eigenartige geschlitzte Kappe oberhalb des Dochtes ist die Mischvorrichtung der mit Kohlenwasserstoffen gesättigten Luft.

Die Wirkungen jedes Luftbetriebes bei der Lagerung von Benzin sind:

1. Verrosten im Innern, im unzugänglichen Teil der Behälter, weil die Luft sauerstoffhältig und wasserhältig ist, 2. Verlust der verdampften Kohlenwasserstoffe beim Ausströmen der gesättigten Luft, 3. keine Sicherung, weder der Lagerbehälter noch der Benzinleitung. Explosionsfähige Gemische können sich immer bilden. 4. Keine Sicherung der gefährlichen Leerbehälter.

Das sog. „Sättigungsverfahren" sowie „Zusatzverfahren", die jetzt als Schutzverfahren empfohlen werden, sind genau das gleiche wie das alte Luftbetriebsverfahren, nur vermehrt durch die bloße Behauptung, daß die mit Benzindämpfen „übersättigte" Luft oder eine mit „Zusätzen" versehene Luft ein Schutzgas, nicht explosionsfähig sei. Eine Behauptung, die schon im Widerspruch steht mit der Tatsache, daß in jedem Behälter, in den Luft eintreten kann, je nach Druck und Temperatur die leichten Kohlenwasserstoffe der Erdöle verdampfen müssen und daß durch die Vorrichtungen des Sättigungsverfahrens und der „Zusatzverfahren" der angeblich notwendige Grad der Sättigung oder der Zusätze weder erkannt noch geregelt werden kann. Näheres enthält der Abschnitt „Verbilligung", der besser verständlich wird, wenn vorher vollkommene bedingungsfreie Sicherheitsbetriebe gekennzeichnet sind.

VII. Sicherheitsbetrieb.

a) Eine teilweise, eine bedingungsvolle Sicherheit ist keine Sicherheit. Von der Lagerung und Verteilung des Benzins muß und kann volle unbedingte Sicherheit verlangt und erreicht werden, jedoch müssen alle Teile der Anlage unter allen Umständen volle Sicherheit bieten. 1. Grundsätze.

b) Die Benzinlagerbehälter sind ständig durch ein unbrennbares, völlig explosionsunfähiges, nicht oxydierendes Sicherheitsgas zu überlagern, welches mit den Dämpfen der gelagerten Flüssigkeit weder ein brennbares noch explosionsfähiges Gemisch bilden kann, wie Kohlensäure, Stickstoff oder gereinigte verbrannte Gase (Abgase aus Motorbetrieben).

c) Alle Benzinrohrleitungen vom Lagerbehälter bis zu den Zapfstellen einschließlich aller Ventile und sonstigen Armaturen müssen ständig durch diese unbrennbaren Sicherheitsgase umschlossen werden.

d) Der Druck des Sicherheitsgases, der für den Transport des Benzins vom Lagerbehälter bis zu den Zapfstellen notwendig ist (etwa 0,5 Atm.), muß selbsttätig aufhören, wenn irgendein Teil der Anlage versagt. Bei allen vorkommenden Störungen, die zufällige genannt werden, muß mit dem Aufhören des Druckes jede Benzinförderung unmöglich werden.

e) Alle Behälter (Fässer, Eisenbahnbehälter usw.) des gesamten Betriebsbereiches, in denen das Benzin der Lagerstelle zugebracht wird, müssen während des Abfüllens ebenfalls mit Sicherheitsgas erfüllt werden, desgleichen während aller Ausbesserungsarbeiten an allen diesen Zubringerbehältern, allen Leerbehältern (beim Löten von Leckstellen der Behälter usw.), so daß jede Explosion im ganzen Betriebsbereich während aller Betriebsarbeiten unmöglich wird.

f) Die Betriebsvorrichtungen, welche diese Bedingungen erfüllen, müssen praktisch erprobt sein, müssen inmitten schwerster Gefahr ihre vollständige Betriebssicherheit erwiesen haben. Die Sicherheit muß eine unbedingte sein. Die Gelegenheit zu Bränden ergibt sich inmitten der vielen, vielgestaltigen praktischen Betriebe nur allzu oft, in Benzinlagern der Industrie, des Bergbaues, der Kraftfahrunternehmungen, Gummifabriken usw. In allen solchen Betrieben muß die vollständig gesicherte Anlage inmitten stärkster Brände völlig unversehrt bleiben, selbst wenn die Lagerbehälter sich unmittelbar inmitten schwerster Brandstätten befanden.

Die Vorschriften, daß Benzinlagerungen nur in weiten Abständen von Wohnungen und Arbeitsstätten zulässig sein sollen, verlieren gegenüber solchen praktischen Dauererprobungen ihren Sinn. Die unbedingte Sicherheit ist tatsächlich erreicht.

Solche vollständig gesicherte Anlagen, die jede Explosion unmöglich machen, müssen daher auch anderen Gewaltproben durch Feuer, Hochspannungsströme usw. standhalten. Wenn jede Explosionsmischung unmöglich ist, durch volle Sicherung der Anlage und aller ihrer Teile, dann ist auch keine Zündungsmöglichkeit vorhanden.

g) Für die volle Sicherung aller Teile der Anlage ist wesentlich, vom Lagerbehälter zu den Zapfstellen Doppelrohrleitungen derart auszuführen, daß die Benzinröhren durch ein Außenrohr umhüllt und mit Sicherheitsgas unter Druck gefüllt sind, so daß aus der Benzinleitung kein Benzin austreten, sondern höchstens Sicherheitsgas in die Benzinleitung eindringen kann. Ebenso bei allen Armaturen. Wird der Außenmantel zerstört, der das Sicherheitsgas einschließt, dann muß der Druck des Sicherheitsgases selbsttätig aufhören und jede Benzinförderung unmöglich werden.

h) Die Lagerbehälter müssen so tief ins Erdreich eingebettet werden, daß selbst ein Dauerbrand unmittelbar über den Lagerbehältern keine Gefahr bringen kann.

Diese Bedingungen lassen sich, wenn jede Luftbeimischung verhindert wird, ohne einschränkende Voraussetzungen, ohne Vorbehalte erfüllen, die die Betriebsleistung vermindern: 2. Bedingungen.

Wenn nur Kohlensäure, Stickstoff oder gereinigte Abgase als nichtoxydierendes Sicherheitsgas zur Überlagerung des Benzins in den Behältern so benutzt wird, daß in jedem Falle, auch im Falle eines Bruches oder sonstiger Zerstörung eines Teiles der Anlage, niemals Luft zum Benzin einströmen kann,

wenn alle Rohrleitungen, Ventile und Armaturenteile vom Lagerbehälter bis zu den Zapfstellen durch dieses nicht oxydierende Sicherheitsgas so umschlossen werden, daß in keinem Falle Benzin aus den Leitungen ausfließen oder Luft ins Benzin eindringen kann,

wenn der Förderdruck des Sicherheitsgases selbsttätig aufhört und jeder Benzinausfluß unmöglich wird, falls irgendeine Stelle der Rohrleitungen oder Armaturen durch Sicherheitsgase nicht mehr umhüllt ist,

wenn die Anlage unverwendbar wird und kein Benzinausfluß möglich ist, falls irgendein Teil der Anlage sich nicht in ordnungsmäßigem Zustande befindet,

wenn die Lagerbehälter ohne Hohlräume, Kanäle, Einsteigschächte u. dgl. unterirdisch eingebaut sind und innen durch das nichtoxydierende Sicherheitsgas, außen durch luft- und wasserdichte Umhüllung gegen Verrosten geschützt wird.

Die vorhin genannte Bedingung der Sicherheitserprobung im großen ergibt sich im Laufe der Zeit, inmitten der gefährlichen massenhaften Benzinbetriebe von selbst, durch gelegentliche Brände, die die vollständige Sicherung der Benzinlagerung in vielen auffälligen Fällen tatsächlich erwiesen hat. Sonst müßte der Nachweis durch Großversuche und Dauerversuche erbracht werden, mit Gewaltmitteln, deren Wirkung und Dauer den stärksten Bränden gleichkommen.

Alle genannten Bedingungen müssen erfüllt werden, das Erfüllen einzelner Bedingungen kann nie volle Sicherheit bieten. Teilweise Sicherheit, nur bedingte Sicherheit, die an Voraussetzung gebunden bleibt, ist keine Sicherung, ist nur Täuschung.

Behauptungen, auf Laboratoriumskleinversuche gestützt, die oft grob der vielgestaltigen Wirklichkeit widersprechen, dürfen gesicherten Anlagen nicht zugrundeliegen. Keine der Forderungen kann aufgehoben oder abgeschwächt werden.

Sog. Schutzanlagen mit Leuchtgas, mit Luft, Luftgas, d. i. mit Kohlenwasserstoffdämpfen angereicherte Luft, mit Zusätzen zur Luft können keine Sicherheit bieten, überhaupt kein Gas oder Gasgemisch, das brennbar oder oxydierend ist, denn dann liegt eine der unendlich vielen Möglichkeiten vor, daß im praktischen Dauerbetrieb sich explosionsfähiges Gasgemisch bilden kann. Diese Möglichkeit muß ganz ausgeschlossen werden, und es ist wie vorhin gekennzeichnet, vollständig erreichbar, ohne jeden die Betriebsleistung einschränkenden Vorbehalt.

Stickstoff ist jetzt im Handel preiswert in genügenden Mengen zu haben. Die ihm gleichwertigen verbrannten Abgase lassen sich mit einfachen Mitteln herstellen, die auch für kleine. Betriebe geeignet sind: durch einen Motor mit angeschlossenem Kompressor, der die Motorabgase nach ihrer Reinigung auf den erforderlichen Betriebsdruck verdichtet, so gebaut, daß der Motor selbsttätig stehen bleibt und keine Abgase von zweifelhafter Beschaffenheit liefern kann, falls eine Störung in der Gemischbildung oder Zündung vorkommt.

Sicherheitsgase größerer Betriebe können gefahrlos wiedergewonnen werden durch Verdichten auf den Betriebsdruck und Zurückführen in die Lagerbehälter. Meist wird sich dieses Wiedergewinnen nicht lohnen, weil auf die Sicherung der Leerbehälter verzichtet werden müßte und weil Abgase mit einfachen Mitteln zu beschaffen sind. 1 cbm Sicherheitsabgas kann mit etwa 100 g Benzin erzeugt werden.

Verbrannte Abgase aus einem Motorbetrieb sind dem Stickstoff gleichwertig und ermöglichen billige Selbstversorgung mit Sicherheitsgas.

Solche Abgase enthalten 11 bis 12½% Kohlensäure, 85 bis 85,5% Stickstoff, also überwiegend unbrennbare, nichtoxydierende Gase.

Außerdem enthalten diese Abagse nur 1 bis 1,25% Kohlenoxyd und nur 1 bis 1,25% Sauerstoff. Der Anteil an brennbaren oder oxydierenden Gasen liegt daher weit unter jedem Gefahrenbereich.

Pumpenbetrieb ändert an den vorgenannten Sicherheitsbedingungen nichts. Die Pumpen müssen selbsttätig unwirksam werden, wenn das Sicherheitsgas im Lagerbehälter oder in den Leitungen fehlt. Hierzu gehören auch einfache Sperrvorrichtungen, die keinen Pumpenbetrieb zulassen, bevor nicht die Anlage ordnungsmäßig ist.

Mit den hier gekennzeichneten Einrichtungen ist tatsächlich vollständige Sicherheit erreichbar, Unfälle und deren Folgen können völlig verhütet werden; nicht durch Zusatzteile, sondern durch die Hauptteile der Anlage, die im ganzen und in allen Teilen die verlangte volle Sicherheit bieten.

Die Anwendung dieser Sicherungsmittel und die unbedingte Sicherheit ist nur abhängig von scharfen Vorschriften der Behörden und durch die strenge, keine Ausnahmen zulassende Handhabung dieser Vorschriften. Jede schlaffe Handhabung der Vorschriften bedeutet Vernichten der technisch erreichbaren vollen Sicherheit.

Zur Sicherheit der Betriebe gehört strenge Ordnung des 3. Betriebsordnung.
ganzen Betriebes, die größtenteils schon in den genannten Bedingungen mitenthalten ist, so die Forderung, daß es unmöglich sein muß, Benzin abzuzapfen, wenn die Betriebsanlage an irgendeiner Stelle versagt, daß es unmöglich sein muß, daß die Anlage unberufen benutzt wird.

Zur Ordnung gehört weiter das Nachprüfen, das Messen der entnommenen Benzinmengen, die abgezapft wurden, auch von Teilmengen, durch selbsttätige Anzeigen des Vorrates.

Zur Ordnung gehört bei den jetzigen Betriebsverhältnissen noch die Forderung, daß rasches Arbeiten möglich ist. Dies ist nur eine untergeordnete Kostenfrage der Bemessung der Einzelteile, Rohrleitungen und Ausrüstungen und bringt keinerlei Widersprüche in die Hauptforderung der vollen Sicherheit. Die Querschnitte der Leitungen können mit einfachen Mitteln auch über 500 l minutlicher Leistung gebracht werden.

Zur Ausrüstung gehören auch noch die Verschlüsse aller Leitungen durch besonders gebaute Ventile und gegebenenfalls solche Anordnung, daß das an den Zapfstellen nicht benötigte Benzin selbsttätig in die Lagerbehälter zurückfließt.

Meßvorrichtungen. Zum Zwecke des genauen Messens der verzapften Benzinmengen können unterirdisch angeordnete Meßbehälter verwendet werden, deren jeder wie ein kleines unfallsicheres Benzinlager auszuführen ist, oder hochliegende Meßbehälter, ebenfalls mit Sicherheitsgas gesichert und so gebaut, daß das Benzin nach jedesmaliger Benzinentnahme in den Lagerbehälter zurückfließt, so daß die Meßbehälter, wenn sie unbenützt sind, stets benzinleer und mit Sicherheitsgas gefüllt sind, oder umschaltbare Doppelmeßbehälter zum genauen Messen der verzapften Benzinmengen, so gebaut, daß abwechselnd ein Meßbehälter gefüllt wird, während sich der andere entleert, mit zwangsweiser Wirkung derart, daß das Umstellen der Meßbehälter nicht früher erfolgen kann, bis der eine Behälter vollkommen gefüllt und der andere ganz entleert ist; dabei kann jede falsche oder irreführende Bedienung durch eine sehr einfache Anordnung ausgeschlossen werden.

Diese Meßbehälter sind außerdem mit einfachen selbsttätigen Zählwerken zu versehen, welche die entnommenen Benzinmengen und jede Einzelabgabe feststellen. Hierdurch wird ein vollständig geordneter, jederzeit nachprüfbarer und vollständig gesicherter Betrieb erreicht.

Das unfallsichere Lagern und Verteilen von Benzin, im Zusammenhang mit selbsttätigen zuverlässigen Meßvorrichtungen bietet große Vorteile und ist weit ausgestaltungsfähig, sowohl für Groß- wie für Kleinbetriebe.

Für den Großbetrieb fehlen bei uns öffentliche Zapfstellen auf Plätzen, inmitten des Stadtverkehrs. In

Amerika sind solche öffentliche Zapfstellen schon allgemein geworden und entsprechen höchsten Anforderungen der Meßgenauigkeit. In Deutschland gibt es erst Anfänge u. a. in Hannover.

Jede ungünstige Beeinflussung des Stadtbildes ist leicht zu vermeiden, da die Zapfgebäude unscheinbar bleiben, nicht auffälliger als Wartestellen der Straßenbahn, Ankündigungssäulen, Verkaufsstände oder sonstiges Gezelt. In Amerika haben sie meist die Form kurzer Säulen.

Der Wert öffentlicher Zapfstellen ergibt sich aus dem unaufhaltsam anwachsenden Kraftwagenverkehr und dem Bedürfnis, Benzin nicht aus entlegenen Garagen oder Lagern holen zu müssen, sondern inmitten des Stadtverkehrs ohne Zeit- und Wegverlust.

Bei unfallsicherer Anordnung im vorerwähnten Sinn sind Gefahren wie Belästigungen ausgeschlossen und die Verluste lassen sich vermeiden, die sich aus dem Benzinbezug durch Klein- und Zwischenhändler ergeben, bei denen zumeist jede Unfallsicherung fehlt, die das Benzin oft erst aus einem entfernten Keller holen müssen, auch die Verluste durch Umfüllen und Verschütten fallen weg, sowie die Mängel eines zersplitterten Betriebes. Außerdem ergeben sich die Vorteile des Großbezugs von Benzin mittels Tankwagen.

Solche unfallsichere Zapfstellen bieten den Benutzern wie den Behörden den Vorteil, daß der Betrieb leicht zu übersehen und zu überwachen ist und die Meßvorrichtungen das Nachprüfen des Verbrauches ermöglichen.

Klein- und Kleinstbetriebe sind zurzeit die vielen Kleinhändler und die Einzelgaragen, diese zumeist in unmittelbarer Nähe der Wohnung des Kraftwagenbesitzers: Auch für diese Kleinbetriebe bietet das unfallsichere Lagern und Verzapfen große Vorteile. Der Großbezug aus Tankwagen wird möglich, die gefährlichen Leerbehälter fallen weg, die Gefahr für das benachbarte eigene Haus und jede Gefahr für die Nachbarschaft fällt weg, die selbsttätigen Meßvorrichtungen bieten die Möglichkeit, Eingang und Verbrauch laufend nachzuprüfen, was beim Einzeleinkauf durchaus unmöglich ist und zudem zu unerträglichen Widerwärtigkeiten zwischen Fahrer und Wageneigner führt.

Derart bieten Kilometerzeiger am Wagen und selbsttätige Anzeiger am Meßbehälter die sichere laufende Übersicht über Leistung (km) und Aufwand (Benzinmenge), die beim Einzeleinkauf ganz versagt, schon deshalb, weil erfahrungsgemäß Fahrer und Händler beim Übervorteilen der Herren unter einer Decke stecken.

Wer trotzdem ein unfallsicheres Lager und selbsttätige Meßvorrichtungen nicht anlegt und alle Unterschleife als „Spesen" in den Schornstein schreibt, der mag auch sicher sein, sich unzuverlässige Fahrer zu züchten. Wer nie weiß, was geleistet, was verbraucht worden ist, der darf sich nicht wundern, wenn er dauernd hintergangen wird und auch sonstigen Schaden durch Unfälle erleidet. Zumeist ist schon das Vorhandensein selbsttätiger Anzeiger ausreichend, Unfug zu verhüten.

Ein weites bisher arg vernachlässigtes Feld für unfallsichere Lagerung und Verteilung von Benzin bieten die Motorboote für Sport und Transport.

Großboote mit Erdölbetrieb sind zumeist mit unfallsicheren Einrichtungen ausgestattet. Kleinbooten fehlt oft alles, so daß Explosionen und sonstige Unfälle oft vorkommen, zumeist nach ihrer Winterruhe, bei Wiederaufnahme des Betriebs, was nicht zu verwundern ist, da vielen Booten jede Sicherung fehlt, ungesicherte, undichte Leitungen, ungesicherte Benzinbehälter häufig vorkommen, sogar unterhalb von Kajütensitzen.

VIII. Verbilligen und Verschlechtern.

1. Armaturen. Die tatsächlich erreichte vollständige Sicherheit der Anlagen kann durch falsches Sparen vollständig vernichtet werden. Die vorgenannten Bedingungen, unter denen volle Sicherung erreicht wird, gestatten keinerlei Abänderung, keine Vorbehalte. Falsches, sicherheitsvernichtendes Verbilligen wird versucht durch Sparen an unrechter Stelle, z. B.:

Durch minderwertige, den hohen Forderungen der vollständig gesicherten Anlage nicht genügende Armaturen, besonder der Ventile, kann schon die volle Sicherheit vernichtet werden

Die gewöhnliche Handelsware in Armaturen beruht auf Massenherstellung und bezweckt nur äußerstes Verbilligen der

Ware durch Sparen an Baustoff, besonders Bronze, Sparen an Bearbeitung, an genauen Paßflächen und Dichtungen, überhaupt durch einfachste Bauart und billigste Herstellung; ohne Rücksicht auf andere Forderungen, ohne jede Rücksicht auf unbedingte Sicherheit. Alle Handelsware erfüllt nur diesen Zweck, den gewöhnlichen oder niedrigen Betriebsanforderungen auf das billigste zu entsprechen, nicht aber ungewöhnlichen Forderungen, die die unbedingte Sicherheit stellen muß.

Ventile und Rohrleitungen der Massenherstellung, die nicht mit Sicherheitsgas umhüllt sind, dürfen daher für vollständig gesicherte Anlagen nicht verwendet werden. Hier gilt nicht bloß die Gefahr „billig und schlecht", sondern „billig, schlecht und sicherheitsvernichtend", daher täuschend. Solches Sparen ist zweckwidrig, denn die volle Sicherung ist der wichtigste und einzige Zweck.

Zum sicherheitsvernichtenden Verbilligen gehört die Verwendung von Sieben, oder was das gleiche ist, von sog. Kapillarröhren, das sind enge Röhrenbündel, welche Zündungen in die Behälter oder Fässer verhindern sollen. 2. Siebe.

Das sinnwidrige, der innere Widerspruch liegt zumeist schon in dieser Absicht, Sicherheit durch einen Zusatzteil erreichen zu wollen. Denn, wenn im Innern der Behälter und Fässer ein explosionsfähiges Luftgasgemisch sich nicht bilden kann, wie die Verbilliger behaupten, dann haben diese Zusatzteile keinen Zweck, sie werden jedoch empfohlen, weil eben die unbedingte Sicherheit fehlt, weil explosionsfähige Gemische jederzeit zu erwarten sind.

Das Unwirksame und Gefährliche solcher Zusatzsicherungen im Dauerbetrieb zeigen schon die Erfahrungen der Schlagwetter Seite 12. Es hat sich als unmöglich erwiesen, Explosionsgefahren durch feine Siebe abzuwehren, als unmöglich, Verletzungen der Siebe im Dauerbetrieb zu verhüten, als unmöglich, verletzte oder oxydierte Siebe rechtzeitig zu erkennen.

Es gibt nur eine wirkliche Sicherung, nämlich durch sauerstofffreies, völlig unbrennbares Sicherheitsgas jede Möglichkeit einer Explosion ganz auszuschließen. Enthalten aber die zu schützenden Behälter und Rohrleitungen überhaupt Luft, dann ist eine Explosion nur eine Frage der

Zeit, eine Frage des unberechenbaren Zusammenwirkens vieler Ursachen, die eine gefährliche Gemischbildung und Explosion veranlassen. Die Gelegenheit dazu ergibt sich im wechselvollen wirklichen Dauerbetrieb immer.

Die Sicherheit ist dann eine nur bedingte, von Zeit und Umständen abhängige, daher eine eingebildete, eine Täuschung, und die angebliche Sicherung durch Siebe fügt nur eine neue Täuschung hinzu. Eine Sicherung, die von solchen zusätzlichen Teilen abhängt, bietet überhaupt keine Sicherheit.

Laboratoriumsversuche, die mit diesen und ähnlichen Zusatzsicherungen durchgeführt wurden, sind wertlos, meist sogar kindlich gegenüber den wirklichen, zumeist recht rohen Dauerbetrieben.

3. Sättigungsverfahren. Das sog. Sättigungsverfahren ruht nur auf der Behauptung, daß Luft im Lagerbehälter „übersättigt" werden könne und daß dadurch das Luftgasgemisch wegen Luftmangel explosionsunfähig werde.

Das „Sättigungsverfahren" benutzt also wie bei den alten ersten unbrauchbaren Anfängen der Benzinlagerung Luft als Treibmittel der Benzinverteilung. Neu ist nur, daß behauptet wird, bei Überschuß von brennbaren Benzindämpfen in der Luft entstehe ein „Schutzgas"!

Bei den ältesten Anlagen für Benzinlagerung wurde mit der gleichen Behauptung statt Luft Leuchtgas verwendet, es wurde gleichfalls gesagt, Leuchtgas könne nicht explodieren, sondern nur verbrennen, Leuchtgas sei daher ein „Schutzgas".

Leuchtgas hatte zudem vor dem Sättigungsverfahren des Luftbetriebs den Vorteil, daß es als sauerstofffrei das Innere der Behälter vor dem Rosten bewahrte.

Das „Sättigungsverfahren" schafft keine Sicherheit, es ruht auf Einbildung, es ist eine Täuschung, und das Verrosten kommt noch hinzu. Das Sättigungsverfahren behauptet, das „Übersättigen" werde durch eine Vergaserwirkung erzielt, und behauptet, diese Vergaserwirkung liege im Luftrohr, welches in das Benzinlager eintaucht.

Das ist eine weitere Täuschung, denn durch solche rohe Mittel wie ein Tauchrohr kann die Wirkung eines Vergasers nie erzielt werden.

Vergaser sind nur dann sicherwirkende Sättigungsvorrichtungen, wenn Luft und Benzin durch eine kräftige Saugwirkung mechanisch gemischt wird, wenn diese Wirkung von einer starken Triebkraft ausgeht, nämlich vom Saugehub des Motors, einer Triebkraft, die imstande ist, in den besonderen Mischdüsen der Vergaser Strömungsgeschwindigkeiten von 100 m in der Sekunde und darüber zu erzeugen Es ist eine Täuschung anzunehmen, daß ein „übersättigtes", also überangereichertes Gemisch hergestellt werden könne, ohne diese starke Triebkraft der wirklichen Vergaser und ohne deren Mischdüsen und ohne die hohen Strömungsgeschwindigkeiten in ihnen, sondern erreichbar sei durch ein einfaches Tauchrohr, das die Luft nahe dem Boden des Behälters ausströmen läßt.

Das sog. Sättigungsverfahren ist der Rückschritt zum alten gefahrvollen Verfahren des ungesicherten Luftbetriebes, auf die bloße Behauptung gestützt, die einströmende Luft könne ohne Triebkraft, ohne Mischdüsen mit Benzindämpfen gesättigt bzw. „übersättigt" werden. In Wirklichkeit wird die Luft mit solchen unvollkommenen Mitteln aus dem Benzinlager an Leichtdämpfen aufnehmen, was sie auf dem kurzen Wege im Tauchrohr ohne nennenswerte Geschwindigkeit eben erhaschen kann. Eine Sättigung ohne starke Triebkraft kann während der kurzen Zeit des Einfüllens nie eintreten. Das angebliche „Sättigungsverfahren" und der alte gefährliche Luftbetrieb sind wesensgleich.

Der Widersinn, brennbare Gemische bzw. Luft, die durch Benzindämpfe angereichert sind, als „Schutzgas" anzusehen, ähnlich wie seinerzeit das Leuchtgas, ist bei Beginn der Benzinwirtschaft vor etwa 20 Jahren in Amerika begangen worden, zu einer Zeit, als sehr lässige Auffassungen über Unfallverhütung und Haftpflicht dort herrschten, auf die wir nicht zurückfallen dürfen.

Gasverluste sind beim Sättigungsverfahren unvermeidlich. Das Benzin aus den Sättigungsgasen wiederzugewinnen ist gefahrvoll und erschwert den Betrieb, es müßte der ganze Gasinhalt des Lagerbehälters in einem Kompressor verdichtet werden, wobei mit steigendem Druck das Sättigungsgas Benzin ausscheidet (kondensiert). Das schafft neue Gefahren und erfordert mehr Kraft als eine Sicherheitsanlage mit Stickstoff oder unbrennbaren Abgasen.

Verluste und Gefahren entstehen durch das Abblasen und weiters durch Verdunsten der gesättigten Luftbenzinmischungen. 1 cbm Luft kann bei 20° etwa 1½ kg Benzindämpfe aufnehmen. Diese Dämpfe sind wesentlich die zuerst verdampfenden Leichtgase, der Wert des zurückbleibenden Benzins wird entsprechend herabgesetzt. Das sog. Sättigungsverfahren wirkt nur als „Fraktionieren", nur die Leichtbestandteile der Ölmischung vergasen zuerst, je nach Druck und Temperatur im Behälter, die täglich stark schwanken, und das zurückbleibende Kohlenwasserstoffgemisch wird entsprechend der stattgehabten Verdampfung entwertet.

Die Gefahren des Sättigungsverfahrens ergeben sich schon daraus, daß jedes Erkennen und Regeln des „Sättigungsgrades" fehlt. Es ist keine Vorrichtung vorhanden, die den erreichten jeweiligen Sättigungsgrad anzeigt. Dabei kann die Temperatur täglich um mehr als 20° schwanken und mit ihr die Benzinverdampfung.

Das Sättigungsverfahren ist eben das alte Luftbetriebsverfahren mit allen seinen Gefahren, weil oxydierende Mittel verwendet werden, die explosionsfähige Gemische ermöglichen. Jede Sicherheit fehlt, im Gegensatz zur vollen Sicherheit, die Stickstoff oder Abgase gewähren, die weder brennen, noch Explosionsgemische bilden können.

Die Anpreisungen des Sättigungsverfahrens sowie der Verfahren, die Zusätze zum „Schutzgas" verwenden, stützen sich auf Gutachten und Versuche von Theoretikern, die durch ihre Schriften bekunden, daß sie die Bedingungen und Erfahrungen der praktischen Betriebe nicht kennen.

Sie stellen hierbei Behauptungen auf, deren Widersinn jedem Unbefangenen sofort einleuchtet.

4. Behauptungen. Widersinnig, wissenschaftlich wie praktisch, ist schon die Behauptung, Luft könne durch Kohlenwasserstoffdämpfe „übersättigt" werden.

Gesättigter Wasserdampf z. B. scheidet alsbald Wasser aus, wenn Druck oder Temperatur geändert werden. Das zeigt jeder Dampfmaschinenbetrieb, jeder Regen, Nebel und alles, was in der wasserhältigen Luft vor sich geht. Ebenso scheiden Benzinluftgemische Kohlenwasserstoffe aus, sobald Spannung oder Wärme im Behälter geändert werden. Ein „Übersättigen" ist bei Wasserdampf wie bei Benzindämpfen unmöglich.

Es handelt sich beim „Sättigen" nur um Luft, die durch Benzindämpfe mehr oder weniger angereichert wird, die dann immer brennbar ist und immer explosionsfähige Gemische bilden kann.

„Übersättigung" ist daher ein falscher, täuschender Begriff. Die mit Benzindämpfen angereicherten Gemische können keine Sicherheit gewähren, konnen immer Explosionen veranlassen.

Das Täuschende des sog. Sättigungsverfahrens kann jedermann täglich aus dem Kraftwagenbetrieb erkennen, wenn die Wagen nach längerem Stillstande wieder anfahren. Während des Stillstandes hat sich im Vergaser durch das Verdampfen der leichten Kohlenwasserstoffe immer ein angereichertes Gemisch gebildet, das dem Motor beim Anfahren zugeführt wird. Dieses „übersättigte" Luftgasgemisch explodiert dennoch, ebenso wie ein richtiges, nicht „übersättigtes" Gemisch, sonst könnte der Wagen gar nicht anfahren. Das übersättigte Gemisch verbrennt nur unvollkommen, wie die auspuffenden Rußwolken bekunden, die nach einigen Sekunden aufhören, sobald dem Motor das gewöhnliche nicht „übersättigte" Gemisch zuströmt und die regelrechten Explosionen anfangen.

Wären die Behauptungen der „Übersättigung" richtig, so könnte überhaupt kein Kraftwagen anfahren, bevor dem Motor nicht ungesättigtes statt „übersättigtes" Gasgemisch zugeführt wird, was praktisch unmöglich wäre, weil während des Stillstandes das „Übersättigen" unvermeidlich eintritt, genau wie es im Sättigungsverfahren angeblich absichtlich herbeigeführt wird, um „Sicherheit" gegen Explosionen zu schaffen!

Die Kraftwagen haben, ebenso wie die Sättigungsanlagen, gar keine Vorrichtungen, um das „Übersättigen" im Stillstande zu verhüten oder auch nur zu erkennen, weil im Betriebe die gewollten Explosionen auch mit „übersättigtem" Gemisch vollständig gelingen. Es bleibt nur der Nachteil des Qualmens während einiger Sekunden zu tragen.

Die Anpreiser des Sättigungsverfahrens und ihre theoretischen Gutachter benutzen ähnlich wie die Anpreiser von Geheimmitteln dunkle, irreführende Redensarten.

Außer vom „Übersättigen", das unmöglich ist, sprechen sie von einem „drucklosen Verfahren" beim Fördern von Flüssigkeiten. Das ist gar barer Unsinn. Flüssigkeiten können in Rohrleitungen nur durch einen Überdruck gefördert werden, der so groß sein muß, daß er die Strömungswiderstände überwindet. Jede andere Auffassung der Strömung ist falsch oder auf Täuschung berechnet.

Wird statt des Überdruckes ein Unterdruck zur Förderung benutzt, etwa durch die Saugwirkung einer Pumpe, so ist dies nur ein anderer Weg, den erforderlichen Überdruck zu schaffen. Flüssigkeiten können nicht „angesaugt" werden, wie der allgemeine Sprachgebrauch sagt, sondern durch den Saugunterdruck wird nur die Wirkung des äußeren Luftdruckes hervorgerufen, der den Überdruck schafft, der für die Strömung der Flüssigkeit unerläßlich ist. Fehlt der äußere Luftdruck z. B. im luftleeren Raum, dann ist auch keine Saugwirkung möglich, weil der Überdruck der äußeren Luft nicht hervorgerufen werden kann. Daher kann auch keine Flüssigkeit höher angesaugt werden, als dem jeweiligen Luftdruck entspricht (Barometerstand, Seehöhe), wozu dann noch der Einfluß der Wärme und Dichte der Flüssigkeiten hinzukommt, die gleichfalls die Saughöhe beeinflussen.

Es ist bezeichnend, daß solche Abc-Tatsachen gegenüber angeblich „wissenschaftlichen" Gutachten hervorgehoben werden müssen, die ein „druckloses Verfahren" behaupten wollen.

Eine andere irreführende Behauptung bei einem Pumpverfahren ist die, es wirke „genetische Energie". Was das bedeuten soll, wird in den Gutachten nicht gesagt. „Genetisch" bedeutet: Entstehungsmäßig, entwicklungsmäßig, entwicklungsgeschichtlich, entstehungsgeschichtlich, oder bei ganz gewaltsamer Deutung auch „ursächlich". Energie bedeutet Kraft, aber als Menge, die vorhanden sein oder erneuert werden muß, um wirken zu können, nicht aber eine Einzelkraft. „Genetische Energie" ist daher gelehrt klingender Unsinn! Darauf berechnet, daß man dem gelehrten Klang gewohnte Hochachtung entgegenbringe. Vielleicht ist „kinetische" Energie gemeint, also Strömungsenergie, dann müßte es gesagt und erläutert werden, dann aber ändert sich am Gesagten doch nichts.

Würdig den Behauptungen über „Übersättigen" und über „druckloses Verfahren" sind die „wissenschaftlichen" Versuche, auf die die Gutachter sich stützen, z. B. Versuche mit Sättigungsgemisch, welches „mit Heulen verbrennt", aber nicht explodiert, worauf dann die Behauptung aufgebaut wird, Sättigungsgase können nicht explodieren.

Praktische Betriebe mit ihren vielfältigen Zusammenhängen und Erfahrungen bekunden sämtlich: Wo Sauerstoff und Kohlenwasserstoffe vorhanden sind, da sind Explosionen möglich und nur eine Frage des Zusammenwirkens mehrfacher Ursachen. Das lehren die Schlagwetter und Kohlenstaubexplosionen, die sich trotz größter Vorsicht nicht vermeiden lassen, das lehren die zahllosen Motorbetriebe mit ihren gewollten Explosionen. Wenn die Sättigungstheorie richtig wäre, dann gäbe es keinen beherrschbaren Motorbetrieb, sondern je nach dem Grad der Sättigung der Benzinluftgemische nur eine Reihe von Versagern (Knaller genannt).

Behauptungen und einseitige Laboratoriumsversuche beweisen nichts, sondern nur Betriebstatsachen aus Dauerbetrieben, wie sie gegeben sind in den millionenfachen Motorbetrieben mit ihren gewollten, vollständig beherrschbaren Explosionen, sowie die jahrzehntelangen Erfahrungen über Schlagwetter, Kohlenstaubexplosionen, wobei trotz aller Vorsicht ungewollte Explosionen doch immer wieder vorkommen.

Beweiskräftig sind weiter die Anlagen mit unbrennbarem Sicherheitsgas, die Sicherheitslagerungen, welche tatsächlich schweren Bränden ohne Gefährdung des Lagerbenzins standgehalten haben.

Die Behauptungen der Geschäftsunternehmungen, welche minderwertige Anlagen bauen wollen, verdienen neben den erwähnten Tatsachen ebensowenig Beachtung wie die von ihnen verbreiteten Gutachten von Theoretikern mit ihren einseitigen, wirklichkeitswidrigen Laboratoriumsversuchen und unzulässigen Verallgemeinerungen.

Die Geschäftsseite ist sehr einfach: Durch wirkliches Sicherheitsgas ohne Luft ist es tatsächlich gelungen Benzinanlagen vollkommen zu sichern und die Erfolge inmitten der gefährlichsten Betriebe sind höchst auffällig, inmitten schwerster Brände. Sie zeigen die wirkliche Sicherheitslagerung sehr eindringlich. Nun kommen die Nachahmer. Weil aber die Aufgabe nur mit unbrennbarem Sicherheitsgas lösbar ist und weil die Anlage in allen Teilen den Grundbedingungen gemäß folgerichtig durchgeführt werden muß, deshalb wollen die Nachahmer Kunden suchen durch das „Verbilligen", das ist aber Verschlechtern und Aufheben der erreichbaren vollen Sicherheit. Die Verbilliger rechnen damit, daß die Kunden die Sache und ihre Einzelheiten doch nicht kennen und nur auf billigen Preis allein sehen, auch wenn die Sicherheit verloren geht und mit ihr hohe Werte, die geschützt werden sollen.

Alle Kohlenwasserstoffe der Erdöle können schon bei gewöhnlicher Temperatur explosionsfähige Gemische ergeben, je nach der Benzinart und je nach dem im Behälter herrschenden Druck und Temperatur. Wird eine andere Benzinart eingelagert, dann wird die Gemischbildung ebenfalls eine andere. Schon hieraus läßt sich erkennen, daß eine „Sättigungsanlage" wertlos und gefährlich ist, deren Mittel das jeweilige Gemisch weder erkennen noch regeln läßt.

Teilweise und unsicher wirkende Mittel bieten eben nur bedingte Sicherheit und diese ist immer eine Täuschung gegenüber den vielfältigen Gefahren des Betriebes.

Volle Sicherung der Lagerung und volle Unfallverhütung ist die einzige Aufgabe. Sie ist vollkommen lösbar, aber nur durch Gase die überhaupt nicht oxydieren können. Dazu kommt, daß beim „Sättigungsverfahren", welches ein Luftverfahren ist, die Luft als Sauerstoffträger stets wasserhältig ist. Daher das Innere der Behälter verrostet, an Stellen, die der unmittelbaren Beobachtung und Überwachung entzogen sind. 1 cbm Luft enthält bei 10° etwa 9,7 g Wasser, bei 20° 23,1 g Wasser. Der Unterschied, 13,7 g, muß im Behälter kondensieren, schon durch den Einfluß dieser Temperaturänderung. Auch aus diesem Grunde kann für eine wirkliche Sicherheit der Anlage nur ein völlig unbrennbares, nichtoxydierendes Mittel verwendet werden, also nur Kohlensäure, Stickstoff oder Abgase. Diese sind Sicherheitsgase, niemals Luft. „Sättigungsverfahren" und „Zusatzverfahren" bedeuten Sparenwollen auf Kosten der Sicherheit.

Kennzeichnend für das Sättigungsverfahren und seine Anpreiser ist, daß sie sogar mathematische Formeln aufstellen, die die „Verbilligung" erweisen sollen, wohl wissend, daß die zu täuschenden Kunden sie nicht verstehen werden, u. a. Formeln, die besagen sollen, es werde kein Schutzgas verbraucht, der Betrieb sei „kostenlos"! Obwohl bisher auf dieser Welt auch Benzin nur durch Überdruck und unter Verbrauch des Treibmittels verteilt werden kann, falls das Treibmittel nicht durch Verdichten wiedergewonnen wird. Knapp neben dieser „kostenlosen" Formel steht dann eine andere Formel, die ganz harmlos einen „Füllverlust" angibt, der aber genau dasselbe ist wie der Verbrauch an Treibmittel (Schutzgas).

Das „Sättigungsverfahren" ist genau das gleiche wie das alte gefährliche Luftverfahren, das Wort „Füllverlust" soll über den Sachverhalt hinwegtäuschen, daß bei jedem Luftverfahren die mit Benzindämpfen angereicherte Luft ins Freie abgeblasen werden muß. Es wird jedoch, leider allzuoft, zutreffend erwartet, die sachfremden Kunden werden es nicht merken daß ihnen eine Täuschung angepriesen wird. Ebenso beim behaupteten „drucklosen Verfahren".

Beim „drucklosen" Verfahren soll beim sachfremden Kunden der falsche Hintergedanke wirken, wo kein Druck vorhanden ist, gäbe es auch keinen Verbrauch an Druckmittel. Die stets notwendige Betriebskraft und der Verbrauch an Kraftmitteln zur Überwindung der Leitungswiderstände und zur Verdrängung des Benzins wird weggetäuscht. Wenn dies in hochtönenden Worten und gar mit Formeln geschieht, so finden sich immer viele gutgläubige sachfremde Kunden, die nicht bemerken, daß durch das bloß versprochene, sachlich nie erreichbare „Verbilligen" des Betriebes die Hauptsache, die Sicherheit, vernichtet ist.

Zu diesen irreführenden „kostenverschwendenden" Täuschungen tragen besonders bei die „Gutachten" von Theoretikern, die die Erfahrungen und Gefahren der praktischen Betriebe gar nicht kennen.

Für die Anpreiser und Begutachter des Sättigungsverfahrens und anderer „Zusatzverfahren" ist sachlich kennzeichnend, daß mit 1 l Benzin 8 cbm Sättigungsgas, angebliches „Schutzgas", hergestellt wird, daß also auf jeden cbm Luft etwa 0,1 kg Benzin entfallen, was unter allen Umständen ein hoch gefährliches, unbedingt explosionsfähiges Luft-Benzindampfgemisch ergibt und trotzdem als „Schutzgas" angepriesen wird.

Die Kunden, die nur billigste Anlage erstreben und den „kostenlosen" Betrieb erhoffen, merken nicht, daß die Sicherheit und Unfallverhütung, um die es sich allein handelt, vernichtet ist, daß sie ihr Geld für eine völlig ungesicherte explosionsgefährliche Anlage wegwerfen.

Ein praktisch fast druckloses Verfahren, das volle Sicherheit bietet, ist hingegen dadurch erreichbar, daß das Benzin im Lagerbehälter mit Sicherheitsgas von geringem Überdruck (etwa 100 mm Wassersäule) überlagert und jeder Luftzutritt ausgeschlossen wird. Der geringe Überdruck beeinflußt bei Pumpenbetrieb eine einfache Pumpensperrung und verhindert die Benzinentnahme, sobald keine entsprechende Menge Sicherheitsgas dem Lagerbehälter zugeführt wird.

Solche Anordnung ist auch mit Meßbehältern möglich, die tiefer liegen als die Lagerbehälter. Das Benzin fließt dann selbsttätig aus dem Lagerbehälter in den Meßbehälter. Solche Anlagen wurden für Kohlensäuredruckbetrieb gebaut, wesentlich um die Absorption zu vermindern. Die Benzinförderung aus dem Meßbehälter erfolgt dabei durch Kohlensäuredruck, der nach jeder Entleerung des Meßbehälters ins Freie abgeblasen wird. Bei jeder Neufüllung des Meßbehälters wird die in diesem Behälter befindliche Kohlensäure in den Gasraum des Lagerbehälters verschoben, ein einfacher Sicherheitsverschluß sorgt für die Erhaltung des geringen Betriebsdruckes von 100 mm Wassersäule.

Durch die Verwendung von Stickstoff, dem geringe Absorption eigen ist, sind jedoch solche Anlagen zwecklos geworden, da es keinen Sinn hat, das Sicherheitsgas ins Freie abzublasen, nur um eine sogenannte „drucklose" Anlage zu haben.

In neuerer Zeit veröffentlichen selbst hochstehende Fachzeitschriften bezahlte Anpreisungen außerhalb des Anzeigenteils, so daß leicht der Schein erweckt wird, es handle sich um Fachwissenschaftliches. So war inmitten einer Sonderausgabe einer Fachzeitschrift zu lesen:

„Mit Rücksicht auf die Wichtigkeit der Frage der feuer- und explosionssicheren Einlagerung feuergefährlicher Flüssigkeiten, welche Frage insbesondere in der Kriegs- und Nachkriegszeit von stets steigender Bedeutung wurde, befaßt sich eine eigene Abteilung der (Name der Firma) mit dem Bau derartiger Anlagen. Um von dem im Kriege schwer erhältlichen Schutzgas unabhängig zu sein, wurde schon frühzeitig ganz besonders der Bau schutzgasloser Anlagen gepflegt, wie solche in Amerika und England seit vielen Jahren ausschließlich in Verwendung stehen. Heute hat sich bereits allgemein die Erkenntnis Bahn gebrochen, daß die Verwendung von Schutzgas eine überflüssige und kostspielige Maßnahme ist, und daß die schutzgaslosen Anlagen bei praktisch kostenlosem Betriebe auch alle jene Sicherungen und Vorteile bieten, die man früher nur bei Schutzgasanlagen vorzufinden vermeinte. Die nach diesem Grundsatz gebaute Type (Firma) kann daher mit Recht als die eigentliche Anlage der Zukunft bezeichnet werden."

In dieser Anpreisung wird also klipp und klar, ohne jeglichen Nachweis und entgegen der Betriebswirklichkeit behauptet, der „schutzgaslose" Betrieb sei das Wahre!

Den gibt es allerdings schon lange in den ersten sehr unvollkommenen Anfängen der Benzintechnik, in den Luftverfahren während der längst vergangenen Zeit, als die Unfallverhütung noch gar keine amtliche oder technische Sache war. In Amerika und England wurden solche gefährliche Luftbetriebe versucht, sogar Betriebe mit Leuchtgas als Triebmittel, als „Schutzgas", das nicht explodieren könne!

Daß solche unvollkommene explosionsgefährliche Anlagen dort „ausschließlich" Verwendung fänden, ist einfach unwahr. Es gibt dort höchstwertige Sicherheitsanlagen, die allen Sicherheitsforderungen genügen. In der obigen Anpreisung wird die volle Sicherheit gar als „überflüssige kostspielige" Maßnahme mißdeutet und „schutzgasloser" und dazu noch „kostenloser" Betrieb versprochen den es nie geben kann, außer die Sicherheit wird vernichtet und die Explosionsgefahr wird durch den Luftbetrieb herbeigeführt.

Und dazu wird behauptet, das böte alle „Sicherung und Vorteile" das sei die „Anlage der Zukunft"!

Wenn die Anpreiser solchen wirklichkeitswidrigen Unsinn den sachunkundigen Kunden vorsagen dürfen und dazu noch in Fachzeitschriften, und wenn diese Nachahmer, Verbilliger und Vernichter der schon erreichten hohen Sicherheit zudem amtlichen Schutz finden, dadurch, daß solche sicherheitsvernichtende Anlagen Patentschutz erlangen und daß solche gefahrenschwangere Betriebe von Behörden zugelassen und damit anerkannt werden, dann wird es nicht verwunderlich sein, wenn solche sicherheits- und wirklichkeitwidrige Anpreisungen Schule machen und sich weiter übertrumpfende Nachahmer und bloße Versprecher finden werden, zum schwersten Schaden der betriebswichtigen Sache, zum Schaden der Allgemeinheit, die ein Recht hat, von den Behörden Schutz gegen Sachschaden und gegen die Folgen von Unfällen zu erwarten.

5. Zusatzverfahren. In der Tat hat das sinn- und sicherheitswidrige Sättigerverfahren jetzt schon würdige Erweiterung erfahren dadurch, daß andere Arten und Mengen von „Zusätzen" zur Luft als Triebkraft andere Namen erhalten haben, mit der alten Behauptung, durch die Zusätze werde die benzingeschwängerte, explosionsgefährliche Luft ein „Schutzgas"

Das Sättigerverfahren ist ja auch nur ein Zusatzverfahren, das auf der bloßen Behauptung ruht: werde der Luft genügend viel Benzindämpfe zugesetzt, bis sie „gesättigt" oder gar „übersättigt" sei, dann werde das explosionsgefährliche Gemisch von Luft mit Benzindämpfen explosionsunfähig, es werde ein wirksames „Schutzgas". Der Schritt liegt ganz nahe, andere Zusätze mit anderen Behauptungen zu verwerden, sobald einmal die Behörden solchen offensichtlichen Widersinn zulassen. Diese Verfahren verdienen keine andere Kennzeichnung als geschäftlichen Schwindel, denn daß Gemische aus Luft und Benzindämpfen explosionsfähig sind, ist allbekannt. Nun werden genau vorgeschriebene „Zusätze" gemacht, aber kein Mittel angebracht, die Menge dieser Zusätze, den Zusatzgrad, den Sättigungsgrad usw. zu erkennen oder zu regeln, von welchem Zusatz es angeblich abhängen soll, daß das explosionsgefährliche Gemisch von Benzindämpfen und Luft plötzlich „Schutzgas" werde. Diese genau in Prozenten vorgeschriebenen Zusätze sind eben nur Sand in die Augen sachunkundiger Kunden. Trotzdem sind solche sinnwidrige Zusatzverfahren patentrechtlich geschützt und von den Behörden in mehreren Ländern zugelassen, also amtlich genehmigt, was notwendig den täuschenden Schein erwecken muß, die Behörden verbürgten die Betriebssicherheit und diese Zusatzverfahren böten die Sicherheit, die sie behaupten, sie seien nicht bloß explosionsgefährlicher Schein.

Es ist selbstverständlich, daß auf solchem durch die Behörden geschaffenen Nährboden weitere neue Zusatzverfahren erwachsen werden, die die errungene Sicherheit vernichten, aber trotzdem Schutz und Unfallsicherheit vorspiegeln, daß solche weitere gefährliche Luftbetriebsverfahren wie Unkraut überhandnehmen müssen und als neue „Typen“ auf den Markt gebracht werden, die aber den unkundigen, unerfahrenen Kunden als amtlich beglaubigt erscheinen müssen, weil sie glauben, die Behörden wachten über die Sicherheit, und was sie zulassen und genehmigend fördern, das gewährleiste auch volle Sicherheit.

Ein neuer vielversprechender Name für neue sicherheitsvernichtende „Typen“ ist bald gefunden und Behauptungen, daß neue Zusätze neue Sicherheit brächten, und noch leichter lassen sich Versprechungen über angebliche „Vorteile“ und „Ersparnisse“ erfinden. Solche Versprechungen werden ja gar nicht beamtshandelt, wie die unsinnige Behauptung, das Benzindampfluftgemische sei ein „Schutzgas“, und dieses Schutzgas sei „kostenlos“, sei „drucklos“ verwendbar und andere auf die Unkenntnis der Kunden rechnende Versprechungen.

So werden denn Zusatzverfahren angepriesen mit sicherheitsvernichtendem Erfolg, die genau das gleiche sind wie die alten gefährlichen Luftbetriebsverfahren, nur mit neuen Behauptungen, die den Kunden unmögliche „Vorteile“ vorreden. In allen Fällen aber wird, inmitten des täuschenden Geredes, streng verschwiegen, daß Luft das Triebmittel bildet und daß die Sicherheit vernichtet ist durch das Gemisch der Treibluft mit den Benzindämpfen, und es wird verschwiegen, daß die Explosionsgefahr herbeigeführt wird. Es wird nur irreführend von „Schutzgas“ geredet und zudem werden Vorteile versprochen, die es nicht geben kann, wie Betrieb ohne Druck, ohne Verbrauch, ohne Kraft.

Gutachtliche Meinungen von Theoretikern lassen sich leicht beschaffen, die das Wesen der Betriebe sowie der technischen Groß- und Dauerversuche gar nicht kennen, und die zugehörigen wirklichkeitswidrigen Laboratoriumsversuche, die diese Gutachten stützen sollen, lassen sich gleichfalls leicht beibringen.

Ebenso leicht lassen sich „Zeugnisse" beschaffen, die besagen, daß solche Anlagen bisher „klaglos funktionierten", weil eben zufällig noch keine Explosion vorgekommen ist. Als ob der „klaglose" technische Betrieb ein Nachweis sei, die Anlage wäre auch explosionsgeschützt.

So werden Zusatzverfahren angepriesen, die Luft als Triebmittel benützen, mit 10% Benzindämpfen als „Zusatz" · das ist aber das alte sicherheitsvernichtende Sättigungsverfahren, deshalb wird, um dem Kind einen neuen Namen zu geben, ein weiterer Zusatz von 10% Kohlensäure oder 10% Stickstoff verordnet.

Wenn die Kundentäuscher wahrheitsgetreu sagten, wir verwenden als „Schutzgas" einen „Zusatz" von 90% Luft zu den Benzindämpfen, deren Bildung wir im Lagerbehälter doch nicht verhindern können, dann könnte der argloseste Kunde den täuschenden Unfug klar durchschauen. Deshalb werden die Zahlen umgekehrt genannt und das „Schutzgas" ist da, von dem man gegenüber Unwissenden allerlei Vorteile behaupten kann.

Wenn man in unserer Zeit hoher wissenschaftlicher und endloser Betriebserfahrungen den unwissenden Kunden mit Erfolg einreden kann, Luft könne durch Benzindampf „übersättigt" werden und sie werde bei einem bestimmten Gehalt an Benzindämpfen ein „Schutzgas", obwohl nichts vorgesehen ist, den Prozentgehalt zu erkennen und zu regeln, wenn man solchen Vorgang „Sicherheitsbetrieb" nennen darf, der amtlich geschützt und gefördert wird, dann eröffnen sich unbegrenzte Möglichkeiten für weitere irreführende Täuschungen, um so leichter, als ja Luftbetrieb ohne jeden Zusatz technisch möglich ist. So können unbegrenzt neue „Sicherheitsmedien" erfunden und den „Zusätzen" allerlei weitere „Vorteile" angedichtet werden. Voraussetzung ist nur, daß die Behörden solche „Verbesserungen" zulassen und damit fördern und daß die Unkenntnis der Kunden wie bisher bleibt, daß sie das Sicherheitsvernichten nicht sehen und den Behauptungen und Versprechungen der Anpreiser willig Gehör schenken, sowie daß sich Käufer finden, die aus Unkenntnis mit vermeintlichen „Ersparnissen" rechnen und willig jede Betriebssicherheit preisgeben.

Solche Zusatzverfahren, welche Luft als Treibmittel benützen und „Zusätze" verabfolgen, um ein angebliches „Schutzgas" zu erhalten, sind schon vor 20 Jahren dagewesen. Sie sind wieder verschwunden, wesentlich schon wegen der sonstigen Nachteile des Luftbetriebes, wie das innere Verrosten durch die wasserhältige Luft usw. Würde man den „Zusatz" an Stickstoff oder Kohlensäure zur Luft auf etwa 40% steigern, dann wäre es vielleicht wohl möglich, trotz der unvermeidlichen Benzindämpfe explosionssicheren Betrieb zu schaffen, der aber keineswegs nur durch wirklichkeitswidrige Laboratoriumsversuche zu erweisen wäre, sondern nur durch betriebsgerechte Groß- und Dauerversuche.

Dann aber wäre es zweifellos das Richtige, die gefährliche Luft und die „Zusätze" ganz wegzulassen und den Betrieb nur mit einem explosionsunfähigen wirklichen Sicherheitsgas durchzuführen.

Die Wirklichkeit ist sehr einfach: alle Zusatzverfahren sind die alten explosionsgefährlichen Luftverfahren. Luft als Treibmittel zu verwenden und einen „Sicherheitsbetrieb" zu erwarten, ist ein technischer und wissenschaftlicher innerer Widerspruch. Erste Bedingung jedes Sicherheitsbetriebes ist: Luft, jeden Sauerstoffträger aus dem gesamten Benzinlauf unbedingt auszuschließen. Jeder Luftbetrieb ist sicherheitsvernichtend, mit und ohne Zusätzen.

Alle Zusatzverfahren verwenden Luft als Kraftmittel; wollen jedoch den „Zusätzen" allerlei Wunderwirkungen andichten, die sie nie bieten können. Hieran ändern keinerlei „Zusätze", kein Gerede, keinerlei Versprechungen.

IX. Technik, Rechtspflege und sittliche Pflichten.

Die Beziehungen der Betriebstechnik zur Rechtstechnik sind zusammenfassend zu kennzeichnen, wie sie tatsächlich sind und wie sie sein sollten im weiten Bereich der heutigen gefahrvollen Betriebe.

Die Geister, die die Technik inmitten des heutigen Schaffens gerufen hat, lassen sich nicht durch die Technik der Verwaltung oder der Rechtsprechung bannen, sondern nur durch weiteres Vervollkommnen der technischen Mittel, niemand kann mehr Betriebe mit gefährlichen Stoffen verhindern. Was einst seltene, gefährliche Ausnahme war, ist jetzt unerläßlicher Bedarf des täglichen Wirtschaftslebens geworden. Technik und Rechtspflege sollten daher zusammenwirken, damit die Gefahren und deren Folgen vermindert werden. Dazu taugen nicht Vorschriften, nicht Drohungen, sondern nur planmäßiger technischer Fortschritt.

Die Hauptaufgabe fällt immer der sachkundigen betriebsgestaltenden Technik zu, die durch vollkommene technische Mittel gefährliche Betriebe in möglichst gefahrlose umwandelt. Die Technik muß diese Aufgabe jedoch vollbringen zwischen den Angelpunkten der Rechtstechnik, die nicht immer helfend, die häufig hemmend wirkt.

Ein Angelpunkt ist die sachunkundige Verwaltungstechnik, die Polizeitechnik, die den Gefahren vorbeugend durch Vorschriften und Verbote begegnen will, die jedoch zur Betriebstechnik von vornherein falsch eingestellt ist, weil die meisten Polizeivorschriften nach einem früheren unvollkommenen, oft schon überwundenen Stand einer alten Technik aufgestellt und seither sinnwidrig, zum mindesten aber betriebswidrig geworden sind.

So kommt es, daß alte Vorschriften, starr gehandhabt, das Neue, Vollkommene hemmen statt fördern können, oder daß das Vollkommene sich gegen das Alte erst kämpfend durchsetzen muß. So kommt es, daß andererseits schlaffe Vorschriften Tür und Tor für das Minderwertige öffnen und eine schon errungene Sicherheit vernichten können.

Der sachunkundige Polizeigeist und die unablässig fortschreitende Technik wirken nicht derart zusammen, wie es die Unfallverhütung und die Bedeutung der jetzigen Betriebe sachlich erforderte.

Der andere Angelpunkt ist die sachunkundige Gerichtstechnik, die bei Unfällen einen Schuldigen finden und ihn bestrafen will, weil er Polizeivorschriften nicht oder nicht ausreichend befolgt hat, die über Recht und Unrecht entscheiden, auf Grund der Meinungen von Zeugen oder Sachverständigen, von denen die Richter gar wohl wissen, wie wenig von solchen Meinungen zu halten ist, die aber dennoch über Gut und Ehre eines Betriebsmannes entscheiden.

Der verantwortliche Betriebsmann wird dann nach drei Richtungen gezerrt: 1. die gestaltende Betriebstechnik liefert ihm mehr oder weniger vollkommene technische Mittel, mittels deren er seinen sehr gefährlichen Betrieb in einen ungefährlichen verwandeln soll; 2. die Polizeitechnik mahnt ihn durch mehr oder weniger erfüllbare Vorschriften an die Gefahren, und 3. die Straftechnik droht ihm und richtet ihn, ohne Leistung, Mühen und Sorgen der Betriebe überhaupt zu kennen. Zudem wird auf den Betriebsmann durch die Vorschriften alle Verantwortung abgeladen, obwohl er allein der unmittelbar Gefährdete ist, alle anderen weit vom Schusse liegen.

Die Beziehungen der schaffenden Kräfte und der überwachenden Mächte sind daher in dieser wie in vielen anderen lebenswichtigen Sachen recht unnatürlich und ungesund zueinander gestellt.

So kommt es, daß sie statt zusammenzuwirken sich als Feinde oder Verdächtige begegnen, zum Schaden der sachwichtigen Betriebe.

So kommt es, daß jeder Verantwortliche Betriebsmann vielspältig handeln muß: die technischen Mittel bieten nicht alles, was er für die Sicherheit der schwierigen Betriebe braucht, die Polizeivorschriften sind oft unerfüllbar, sie hemmen zum mindesten hohe Betriebsleistung, die zu vollbringen ist.

Das Strafedrohen der Gerichtstechnik hat allerdings keinen unmittelbaren Einfluß. Die Betriebsleute handeln nicht aus Furcht vor Strafe in den betriebsgefährlichen Bereichen.

Tatsächlichen Einfluß auf den Betriebsmann, und zwar einen schädlichen Einfluß, übt hingegen die fortwährend drohende sachliche Gefahr, die führt dazu, daß die meisten Betriebsleute, selbst inmitten stärkster Gefahren, abgestumpft werden, besonders wenn lange Zeit kein Unfall vorgekommen ist, daß sie das Bewußtsein der Gefahr verlieren und damit auch das Bewußtsein über den Sinn von Vorschriften.

Gegen diese menschliche Schwäche der Gewöhnung an die Gefahr hilft kein Strafedrohen, helfen keinerlei Vorschriften, keine Verwaltungs- und keine Rechtstechnik. Hiergegen hilft nur eine vollkommene Sicherheitstechnik, die dem Betriebsmann vollkommene Betriebsmittel, selbsttätig wirkende Sicherheitsvorkehrungen schafft, welche dem im Alltagsbetrieb abgestumpften Menschen alles Sorgen und Wachen abnimmt, die selbsttätig jeder vorkommenden Gefahr zuverlässig begegnen.

Hier liegt das allein Wirksame, aber nicht in Vorschriften und Drohungen, nicht in der Trepperweisheit, die nachträglich, fern von Mühe und Gefahr, beweisen will, was der Betriebsmann „hätte sollen."

Die einfache Schlußfolgerung ergibt sich: Wenn die Verwaltungs- und Rechtstechnik sowie die Betriebstechnik die Aufgaben der Unfallverhütung richtig erfassen, dann sollten sie, jeder mit seinen wirksamen Mitteln, zusammenwirken, gleichgerichtet und sollten dahin wirken, daß vollkommene und selbsttätige Sicherheitsvorrichtungen geschaffen werden und diese durch keine schlaffen Vorschriften gehemmt werden, die dem Unvollkommenen Eingang verschaffen. Das ist die ganze Weisheit, alles andere führt auf menschliche Unzulänglichkeiten. Wer ständig an die tausendfältigen Gefahren denkt, die ein schwieriger Betrieb in sich schließt, der wird nie ein leistungsfähiger Betriebsmann, ebensowenig wie kein brauchbarer Soldat wird, wer stets an tödliche Kugeln denkt und danach sein Handeln einrichtet.

Die Polizeivorschriften sind auch irreführend durch ihre sog. Gefahrenklassen, deren Grundlage die Entflammungstemperaturen bilden, die jedoch ganz unsicher zu bestimmen sind, weil die Leichtestbestandteile der Brennstoffe immer zuerst verdampfen.

Nach diesen amtlichen Gefahrenklassen wäre Benzol und Petroleum weniger gefährlich als Benzin, während beide schon bei gewöhnlicher Temperatur explosionsfähige Gemische bilden können. Verwaltung, Rechtsprechung und Betriebstechnik sollten sich nicht feindlich begegnen, sie müssen zusammenwirken, jedoch derart, daß jeder Teil nur seine wirksamen Mittel wirken läßt.

1. Die Vergeltungstechnik der Gerichte ist im Bereich der Unfälle stets unwirksam; es ist Einbildung, zu glauben, ohne diese Vergeltungstechnik nähmen die Übel überhand und die Unfälle durch Schuld der Betriebsleute wüchsen ins Ungemessene.

2. Die Vorschriftentechnik ist ebenfalls unwirksam, denn es ist unmöglich, die vielfältigen Beziehungen der gefährlichen Betriebe hinsichtlich der Gefahren in wenige oder viele Vorschriften so zusammenzufassen, daß durch Beachten dieser Vorschriften Unfälle wirklich verhütet werden.

Vorschriften können nur aufgestellt werden auf Grund bestimmter Annahmen über Gefahrmöglichkeiten. Wenn diese Annahmen mit der Wirklichkeit nicht stimmen, dann werden die Vorschriften unwirksam oder undurchführbar, sie können sogar Gefahren herbeiführen, statt sie zu verhindern.

Alle alten Polizeivorschriften sind auf der Annahme aufgebaut, die Gefahren flüssiger Brennstoffe ließen sich vermeiden, wenn die Menge des Brennstoffes, die in einem Betrieb zugelassen wird, auf ein Mindestmaß beschränkt wird, und sind aufgebaut auf der zweiten Annahme, größere Lager von Brennstoffen dürften nur in Mindestentfernungen von Wohn- und Arbeitsstätten zugelassen werden.

Beide Annahmen widersprechen der Wirklichkeit. Auch kleine Brennstoffmengen können Gefahren bringen. Die notwendige Brennstoffmenge ist durch den Betrieb gegeben. Schreibt die Polizei Mindestmengen vor, dann wird der Betrieb in viele Kleinmengen aufgelöst, wird gefahrvoll verzettelt in Kleinbetriebe und jede Kleinmenge kann trotz Vorschriften Brandstifter oder Explosionserreger werden. Der Betrieb mit Kleinkannen ist weitaus der gefährlichste und dazu kommen noch die Verluste durch Umgießen, Verschütten und Verdampfen. Der Betrieb mit Kleinmengen ist immer gefährlicher als der technisch richtig behandelte Großbetrieb. Viele Kleinmengen werden auch sachlich immer unrichtiger behandelt als größere Mengen, das beweisen die vielen Unfälle im Haushalte, in Kleinlagern, Unfälle mit Petroleumlampen und Lötlampen, die Gefahren der vielen Kleinkannen. Wenn die Polizeivorschriften einen zersplitterten Betrieb ergeben. dann schaffen sie Gefahren, statt sie zu verhindern.

Der zweite Polizeigesichtspunkt, die Mindestentfernung der Lager vom Betrieb ist ebenso wirklichkeitswidrig, denn der Bedarf ist gegeben, die Lagerentfernung hat ebenfalls die Zersplitterung des Betriebes zur Folge. Dazu kommt, daß im Falle einer Explosion eines größeren Benzinlagers die Schutzentfernung doch unzureichend ist und die Nachbarschaft vor Schaden nicht bewahren kann. Innerhalb von Städten sind längst keine ausreichenden Entfernungen mehr möglich, um im Falle schwerer Unfälle die Nachbarschaft zu schützen. Zudem dehnen sich die Betriebe innerhalb der Städte unvermeidlich immer weiter aus; es gibt in Städten keine wirksamen Schutzentfernungen mehr.

3. Die Verwaltungstechnik ist immer nur scheinwirksam, denn sie besteht darin, durch polizeiliche Vorschriften alle Verantwortung auf die Betriebsleute abzuwälzen. Das amtliche Vorbild wird dann natürlich im Betriebe nachgeahmt und in jedem Betrieb gibt es außer den Polizeivorschriften noch besondere Betriebsvorschriften. Diese sind Umschreibungen und Verschärfungen der polizeilichen Bestimmungen und sie sind so wie jene schlecht oder gar nicht erfüllbar, wenn große Betriebsleistung verlangt wird, und sie sind unwirksam gegenüber der Gewöhnung an die Gefahr. Die Vorschriftentechnik verfolgt nur das Ziel, die Schuld auf die Betriebsleute abzuwälzen. Der Schuldige ist vielleicht gar nicht unter den belasteten Betriebsleuten zu suchen, sondern unter den Besitzern der Betriebe, die vielleicht aus eigensüchtigem Sparsinn ihren Betriebsleuten gar nicht die vollkommen technischen Mittel an die Hand geben, durch welche Unfälle erfolgreich verhindert werden. Sittlich ist daher die Vorschriftentechnik höchst bedenklich.

Zahlreiche Gebiete der Maschinentechnik bekunden gewaltige Leistungen auf dem Gebiete der Unfallverhütung. Leistung und Ersparnisse wurden erhöht, z. B. durch Schnelllauf der Maschine, durch Steigern der Betriebsgeschwindigkeit auf ein Vielhundertfaches der alten, träge laufenden Maschinen. Mit dieser gewaltigen Geschwindigkeitssteigerung hat aber eine vollkommene Technik zugleich die Unfälle vermindert und sogar die Unfallmöglichkeiten beseitigt, immer durch selbsttätige Betriebsteile, die dem Betriebsmann alles Sorgen abnehmen. Dies ist das Wesen des Fortschrittes bei allen rasch laufenden Kraftmaschinen, Arbeitsmaschinen usw. Der Fortschritt wurde nie geschaffen durch Vorschriften, sondern nur durch das Streben nach Hochleistung, die aber nur erreichbar war durch selbsttätig wirkende Betriebsteile, die zugleich die Betriebsgefahren vermindern oder beseitigen, trotz der gewaltig erhöhten Geschwindigkeit. Die

Polizei- und Rechtstechnik ist an solchem wahren Fortschritt unbeteiligt, die Unfälle sind nur mittels der vollkommenen technischen Mittel verschwunden. Erfahrung war wirksamer als vorschreibende Drohung.

Dazu kommt die sehr verschiedenartige Wirkung der Vorschriften auf die Menschen. Manche glauben, die Vorschriften böten Sicherheit gegen eigenen oder fremden Schaden, auch dann, wenn sie nur äußerlich oder nur gelegentlich beachtet werden. Besonders weit verbreitet ist der Glaube, wenn eine Einrichtung behördlich genehmigt sei, dann verbürge die Behörde auch die Sicherheit. Noch mehr Menschen sinnen hingegen darauf, wie die Vorschriften zu umgehen seien, zwecks eigener Bequemlichkeit, und halten dann alles für erlaubt, was nicht ausdrücklich verboten ist. Zu diesem Umgehen werden aber viele gezwungen, weil die Vorschriften zumeist mit hoher Betriebsleistung unvereinbar sind und diese vor allem geleistet werden muß.

4. Aus diesen vielen Forderungen und Widersprüchen mit der Wirklichkeit gibt es kaum einen anderen Ausweg als den, die immer weiter anwachsenden Betriebe mit gefährlichen Brennstoffen als unvermeidlich anzusehen und ein weiteres Ansteigen des Umfanges und der wirtschaftlichen Bedeutung solcher Betriebe als selbstverständlich vorauszusetzen. Der Bedarf dieser Betriebe läßt sich nicht aufhalten. Die Gefahren und ihre Folgen müssen jedoch vermindert werden, nicht durch Vorschriften deren Einhaltung die Betriebsleistung schmälert und deren Einhaltung die Behörden gar nicht überwachen können, sondern nur durch Förderung und amtlichen Schutz derjenigen Betriebstechnik, die selbsttätig wirkende erprobte Sicherheitsvorrichtungen bietet, Unfälle durch Explosionen sicher verhindert, sie unmöglich macht, durch ihre wirksame und erprobte Sicherheitstechnik, die die Sicherung von den unzuverlässigen und inmitten der Gefahren sorglos werdenden Menschen auf ihre selbsttätig wirkenden Sicherheitsvorkehrungen überträgt, und die zugleich die verlangte Sicherheit in sich selbst tragen, nicht in zusätzlichen Teilen, die wieder besondere Achtsamkeit erfordern.

Polizei und Rechtstechnik müssen diese Sicherheitstechnik wirksam fördern, so daß in gefährlichen Betrieben nur die erprobten, unbedingt sicher wirkenden Einrichtungen amtlich gefordert werden und daß keine Einrichtung zugelassen wird, die nicht volle selbsttätige Sicherheit bietet. Mangelhafte Einrichtungen werden meist nur deshalb ausgeführt, weil die Besitzer der Betriebe meinen, mit geringeren Anlagekosten auszukommen, die also nur auf Kosten der erreichbaren Sicherheit Anlagekosten sparen wollen und dadurch Menschenleben aufs Spiel setzen. Amtlich müßte daher verlangt und nachgeprüft werden, daß jeder unfallgefährliche Betrieb mit denjenigen technischen Mitteln ausgestattet ist, die einen unbedingt sicheren Betrieb gewährleisten, und daß von Amts wegen keine auf bloße Verbilligung und Verschlechterung der Anlagen auf Kosten der Sicherheitsbestrebung geduldet wird.

Die übelste Seite der Sittlichkeit liegt oft weder bei den Behörden, noch bei der Gerichts- oder Betriebstechnik, sondern nur in der Geschäftstechnik. Das muß endlich offen ausgesprochen werden, so sehr auch diejenigen, die es angeht, den Ankläger verlästern werden. Diese übelste Seite liegt nämlich häufig nur bei den großen, reichen Unternehmen, die amerikanisch denken und handeln, die auch für gefährliche Betriebe nur das anschaffen, was ihnen am billigsten scheint, ohne Rücksicht auf Menschensicherheit und wirksame Unfallverhütung.

Sie beschaffen nur das Notwendigste, Billigste, berufen sich dabei darauf, daß auch das Billige behördlich genehmigt sei, wälzen alle Verantwortung auf die Betriebsleute ab, decken den Sachschaden durch Versicherung des Sachwertes wenn es ihnen billiger scheint als volle Sicherheit durch wirksame technische Mittel zu schaffen. Auch die Haftpflicht für Folgen von Unfällen wird als bloße Geldfrage behandelt. Die unmittelbare Verantwortung für Menschenschaden trifft sie doch nicht. So kommt es, daß nur billigste Anlage entscheidet, ohne Rücksicht auf Sicherheit Es herrscht das eigensüchtige Sparen an wirklich betriebssicheren Einrichtungen.

Die mittelbare Schuld trifft aber auch die Behörden, die minderwertige Nachahmung der vollkommenen Einrichtungen zulassen, bei Anlagen, wo die Technik in der Tat volle Sicherheit bieten könnte.

Es liegt die Tatsache vor, daß es gefährliche Betriebe gibt, in denen sich Unfälle trotz aller Bemühungen und Leistungen der Technik nicht vollständig vermeiden lassen, wie u. a. die Verkehrstechnik jedermann verständlich zeigt.

Jeder Lokomotivführer z. B. steht in seinem, vom Wetter und nicht vorauszusehenden Zufälligkeiten abhängigen schwierigen Dienst mit einem Fuße im Grab, mit dem anderen im Gefängnis, weil die schweren Folgen von Unfällen ihn vor allem treffen und weil die Rechtspflege, gedrängt durch die „öffentliche Meinung" in den Betriebsleuten einen Schuldigen sucht, obwohl die Technik bisher außerstande war, solche Mittel zu schaffen, die jeden Unfall ausschließen und unbedingte Sicherheit bieten.

Die Rechtspflege nimmt ja nicht von vornherein an, der Mann habe seine Pflicht nicht gewissenhaft erfüllen wollen, die „öffentliche Meinung" und oft auch die Rechtstechnik will gleichwohl einen entscheidenden Zusammenhang mit den technischen Mitteln grundsätzlich nicht anerkennen. Die „öffentliche Meinung" insbesondere, die sich nur aus erregten, zufälligen Erstnachrichten nährt, die will unbedingt einen Schuldigen finden, auch dann, wenn die Unmöglichkeit der unbedingten Verhütung von Unfällen vorliegt. Der Strafrichter sucht dann einen Schuldigen und ist bereit, ihm nachzuweisen, was er „hätte sollen". Das Schicksal des Betriebsmannes hängt dann oft nur von einigen Zeugenaussagen ab.

Die österreichische Erfindung der „passiven Resistenz" hat bisher nur als Vorwand gedient für eigensüchtige Arbeitsausstände; sie ist jedoch kennzeichnend. Sie ist das Verfahren, alle Vorschriften, die doch der Unfallverhütung dienen sollen, genau und ihrem Wortlaut nach auszuführen und dann erst den Betrieb zu beginnen. Ein Verfahren, das vorgeschriebene Pflicht ist, das aber hohe Leistung ausschließt, wegen welcher doch die technischen Mittel geschaffen wurden. Die öffentliche Meinung steht bezeichnenderweise zumeist ganz auf seiten der „Resistenten."

Die Vorschriften besagen im Verkehrsbetriebe sowie in anderen gefahrvollen Betrieben immer das gleiche: Die Führer, die Betriebsleute allein seien verantwortlich, sie hätten daher, vor jeder Fahrt, vor Beginn jeden Betriebes, sich selbst zu überzeugen, daß der Zustand ihrer Betriebsmittel richtig und betriebsicher sei, und dann erst dürfe die Fahrt, der Betrieb beginnen. Solche Vorschriften dem Buchstaben gemäß zu befolgen, würde gegenüber den endlosen Gefahrenmöglichkeiten aller vielgliedrigen Betriebe jede höhere Betriebsleistung ausschließen.

Die Vorschriften sind zudem stets so abgefaßt, daß sie jede unmittelbare Verantwortung von den Verwaltungsbehörden ganz ausschalten und sie vollständig den Betriebsleuten zuschieben.

Hier wird die Meinung vertreten, daß es sittenwidrig sei, die Verantwortung für Unfälle nur von den Betriebsleuten zu fordern, in denjenigen Fällen, wo es der Technik nicht gelingt, volle Sicherheit zu schaffen. Fälle, die doch eigentlich selten sind, angesichts der hohen Forderungen und der unendlich vielen Gefahrenquellen. Die Meinung wird vertreten, daß es sittenwidrig sei, anzunehmen, die Führer der vielgliedrigen schwierigen Betriebe erfüllten ihre Pflicht nur unter dem Druck von Vorschriften und unter dem ständigen Drohen eines gerichtlichen Strafverfahrens.

Es liegt anderseits die Tatsache vor, daß es der Technik gelungen ist, einen der gefährlichsten Betriebe, der die meisten Unfälle gebracht und überviele Menschenleben gekostet hat, die Betriebe mit flüssigen Brennstoffen, hinsichtlich der Lagerung und Verteilung von Benzinvorräten so vollkommen zu sichern, daß Unfälle im Zusammenhang mit der Lagerung unmöglich sind.

Hier wird weiter die Meinung vertreten, daß es in diesen Fällen, wo es der Technik gelungen ist, unbedingte Sicherheit zu erreichen, sittliche Pflicht der Behörden sei, diese wirksamen Sicherheitsmittel vorzuschreiben und alle Vorschriften aufs strengste zu handhaben, insbesondere keine Verschlechterung der erreichten Sicherheit zuzulassen, etwa durch das Fehlen von strengen Vorschriften oder durch das schlaffe Handhaben derselben, wodurch Löcher geöffnet werden für das Minderwertige und Gefahrbringende.

Sowie der Grundsatz gilt: Bedingte Sicherheit ist keine Sicherheit, sondern nur Täuschung, so müßte der Grundsatz gelten:

Schlaff gehandhabte Vorschriften sind nicht nur unwirksam, sie schaffen Gefahren, die zu verhüten sittliche Pflicht der Behörden wäre.

Die Technik muß sich mit der Ethik verbünden! Das ist unsere Zukunft, unsere Rettung! So wird neuestens eindringlich und überzeugend gerufen. Das Recht kann jedoch ebensowenig von der Ethik losgelöst werden. Verhütung von Unfällen ist gewiß eine der wichtigsten sittlichen Aufgaben der Technik, jedoch auch der Behörden.

Verständigung hierüber sowie über alle allgemeinen Fragen ist bei uns leider sehr schwierig, weil die Grundbegriffe verschiedenartig gebraucht und verdeutet werden.

Die Deutschen sprechen kaum mehr von Sittlichkeit, sondern nur von „Moral" und „Ethik", und jeder Ausdruck soll eine besondere Art von Sittlichkeit bedeuten. Wird gar von „Ethos" geredet, dann soll wieder eine andere Art Sittlichkeit gemeint sein, welche wird nicht gesagt. Immoralität, Amoralität und Metamoral, Antiethik sowie Hyperethik, waren auch schon da, alle mit angeblich neuen Begriffsdeutungen.

Die deutschen Grundbegriffe, soweit sie überhaupt gebraucht werden, werden wieder verschieden ausgedeutet: Pflichtengesetz, Rechtsgefühl, Pflichtbewußtsein, Sittenpflicht, Gewissenspflicht usw. werden nur als Abarten der „Moral" gedeutet. Sittliche Verfehlung wird fast nur nach der geschlechtlichen Seite von Wüstlingen verdeutet.

Sittliche Verfehlung ist jedoch in Wirklichkeit jedes Verfehlen gegen das Rechtsgefühl, jedes Unrecht, jedes Verfehlen gegen die Pflichten der Gemeinschaft, in der wir leben müssen.

Im Gemeinleben ist doch die Vermeidung jedes Unrechts erste Voraussetzung und Grundpfeiler alles Gemeinwirkens. Sittliches Verfehlen, Unrecht ist es daher, wenn die Behörden Unmögliches verlangen, wenn sie gegenüber dem technisch Unmöglichen dennoch die Verantwortung nur dem unmittelbar beteiligten Betriebsmann zuschieben. Unrecht ist es, wenn sich Verwaltungsbehörden durch unmöglich durchzuführende Vorschriften ein für alle Mal aller Verantwortung entziehen.

Anderseits ist es sittliches Verfehlen und schweres Unrecht, wenn die Behörden solche technische Einrichtungen, die volle Sicherheit gegen Unfälle erreichen, nicht vorschreiben, oder allgemeine Vorschriften so schlaff handhaben, daß die volle Sicherheit, die eine richtige Technik schon erreicht hat, durch eine minderwertige Technik vernichtet werden kann. Von Menschen abgesehen, ist selbst die Sicherung der Sachwerte, wenn sie durch die Technik vollkommen erreicht werden kann, sittliche Pflicht, auch der Behörden.

Es muß versucht werden, durch öffentliche Aussprache eine Verständigung über solche grundsätzlich wichtige technische und Rechtsfragen herbeizuführen, trotz des Wirrwarrs der Grundbegriffe. —

Die Sicherung der Sachwerte hängt zusammen mit der Technik des Versicherungswesens und mittelbar mit der Rechtspflege. Die Versicherungsunternehmungen gewähren Gebührenermäßigung selbst in solchen Fällen, wo die Technik keine volle Sicherheit ermöglicht, sondern nur die Wahrscheinlichkeit einer Schadensverminderung. So u. a. bei den Feuerlöschanlagen für Fabriken mit selbsttätiger Berieselung (Sprinkler), die jedoch erst nach Beginn eines Brandes zu wirken anfangen können, also sehr unvollkommen sind. Die Unternehmungen gewähren dennoch die Ermäßigungen, behalten sich jedoch vor, die Anlagen und die verwendeten technischen Einzelheiten durch ihre eigenen Sachkundigen überprüfen zu lassen, als Voraussetzung der Gebührenermäßigung, und nur solche technische Mittel zuzulassen, die ihre Prüfstellen als sachrichtig anerkannt haben.

Solches Vorbild ist sicher beachtenswerter als unwirksame oder schlaffe papierne Vorschriften. Im Wirkungskreis von Behörden kommt es darauf an, einerseits strenge Vorschriften festzusetzen, wo sie am Platze sind, und sie auf das straffeste zu handhaben in denjenigen Fällen, wo die Technik volle Betriebssicherheit schaffen kann, nicht aber dort, wo sie bisher dazu unfähig war. —

Das Patentgesetz und seine Handhabung hängt ebenfalls mif der vorliegenden Frage zusammen. Es ist indes nur aufgebaut auf einem „Neuheitsbegriff", der die praktischen Tatsachen der wirklichen Betriebe nicht würdigt. Es ruht auf mehr oder weniger wahrscheinlichen Behauptungen über „Neuheit von Mitteln oder deren Wirkung". Wie unsicher dieser Aufbau ist, beweist der Umstand, daß die Neuheit vernichtet werden kann durch Druckschriften, unter hundert

Jahre alt, die jedoch unvermeidlich mit den Augen der Gegenwart gelesen werden. Das beweist weiter der Umstand, daß ein Patent nach 5jährigem Bestand nicht mehr vernichtet werden kann, selbst wenn das Vorbekanntsein erwiesen ist.

Hier kommt nur in Betracht, daß das Patentgesetz die Nachahmer fördert, wenn es den Nachahmern gelingt, neue Wirkungen oder Mittel zu behaupten oder durch Versuche zu zeigen, auch wenn diese Versuche der Betriebswirklichkeit nicht entsprechen, auch wenn die Nachahmung gemeinschädlich wirkt.

Dieses Nachahmen schädigt das Gemeinwesen in denjenigen Fällen der Unfallverhütung, wo eine überlegene Technik volle Sicherheit schon erreicht hat und es einer minderwertigen Technik gelingt, diese Sicherheit, gestützt durch Patente, zu vernichten.

Die vorerwähnten sinnwidrigen drucklosen „Sättigungs"-Verfahren, sowie die Zusatzverfahren sind kennzeichnende Beispiele hierzu.

Auf dem Gebiete des Patentwesens erscheint es jedoch aussichtslos, Wandel zu schaffen und zu verlangen, das Patentrecht solle so lauten und so gehandhabt werden, daß Verschlechterer und Vernichter einer schon erreichten vollen Sicherheit im Patentrechte keine Stütze finden.

Dieses sowie alles allgemeine Erörtern führt jedoch zu weit ab von der gewollten engen Begrenzung der vorliegenden Schrift.

Manuldruck der Spamerschen Buchdruckerei in Leipzig.

www.ingramcontent.com/pod-product-compliance
Lightning Source LLC
LaVergne TN
LVHW091730021026
849161LV00003BB/553
* 9 7 8 3 4 8 6 7 5 0 6 0 7 *